中國學術思想 研究輯刊

二四編

林慶彰 主編

第 5 冊

戰國秦漢法家諸問題研究

區永圻 著

花木蘭文化出版社

國家圖書館出版品預行編目資料

戰國秦漢法家諸問題研究／區永圻 著—初版—新北市：花
木蘭文化出版社，2016〔民 105〕

目 2+158 面；19×26 公分

（中國學術思想研究輯刊 二四編；第 5 冊）

ISBN 978-986-404-718-5（精裝）

1. 法家

030.8　　　　　　　　　　　　　　　　　　105013475

中國學術思想研究輯刊

二四編　第 五 冊　　　　　　ISBN：978-986-404-718-5

戰國秦漢法家諸問題研究

作　　　者　區永圻

主　　　編　林慶彰

總 編 輯　杜潔祥

副總編輯　楊嘉樂

編　　　輯　許郁翎、王筑　美術編輯　陳逸婷

出　　　版　花木蘭文化出版社

社　　　長　高小娟

聯絡地址　235 新北市中和區中安街七二號十三樓

　　　　　　電話：02-2923-1455／傳真：02-2923-1452

網　　　址　http://www.huamulan.tw 信箱 hml810518@gmail.com

印　　　刷　普羅文化出版廣告事業

封面設計　劉開工作室

初　　　版　2016 年 9 月

全書字數　128958 字

定　　　價　二四編 11 冊（精裝）新台幣 20,000 元　　　版權所有·請勿翻印

戰國秦漢法家諸問題研究

區永圻 著

作者簡介

區永圻，男，1951 年 11 月 4 日生，漢族，廣東江門人。1982 年本科畢業於華南師範學院（今華南師範大學）歷史系；1982 年至 2001 年在廣東韶關教育學院歷任教師、系副主任、副院長、院長；2002 年調廣東省成人科技大學（今廣東工程職業技術學院）任教務處處長；2008 年獲華中師範大學歷史文獻學博士學位。在高校擔任行政工作之餘，長期從事中國古代史的教學和研究，主要著述有「漢光武帝劉秀研究綜述」（中國社科院歷史研究所主辦《中國史研究動態》1995 年第 1 期）、「評《秦漢官吏法研究》」（中文期刊核心刊物《文史哲》1995 年第 3 期）、「《商君書》重農抑商思想評析」（《河南師範大學學報》1994 年第 3 期）、「論漢儒批法」（中文核心期刊《江西社會科學》2003 年第 7 期）等，博士畢業論文爲《戰國秦漢法家諸問題研究》。

提　要

晉秦法家是法家的主體，其主要代表商鞅、韓非的思想在歷史上影響最大。

法家作爲一個政治學派，曾在戰國中、後期取得巨大成功，但其多位代表人物的個人命運卻以悲劇告終。與儒家等相比，法家早早就退出了中國古代歷史的前臺，但她卻一直在政治、法律領域潛在地發揮隱性的作用。

法家之所以在先秦不入顯學，首先與法家自身崇尚功利、講求實用的學派特點息息相關；其次，韓非本人不屑與儒、墨同伍的孤傲心理，也是法家遠離顯學的原因之一。

韓非集法家之大成建立起來的法術勢相結合的思想理論體系，是以法爲核心的，術和勢在該體系中處於從屬地位。商韓之法的理論價值和歷史價值均高於申韓之術。

儒法合流濫觴於先秦，荀子是禮法結合、王霸一體理論的奠基者。陽儒陰法始於西漢，漢代儒法合流主要體現在思想學術層面和法制層面。漢儒批法是對法家只講暴力、不講懷柔之統治思想、政策的矯正而不是對法家文化的全盤否定。陽儒陰法對中國歷史的影響可從儒學官學地位的確立、「霸王道雜之」政治文化模式的穩定、法家「以法爲本」和「重農抑商」等思想觀念對封建社會發展進程的影響等方面去探討。

當前，法家研究與儒家、道家等熱門學派研究相比，尚顯「冷清」，與今後民主法制建設的加快發展似不相適應。因此，加大投入，以群體之力，共同構建「商韓之學」，是一項有著歷史意義和現實意義的工程。

目次

緒　論

（一）

　　自對諸子學略有涉獵以來，下述問題便時時縈繞於筆者的腦海裏：其一，在先秦諸子百家中，法家是林林有名的一派，其對戰國時代社會的影響，足可以與儒、墨、道幾家分庭抗禮。然而時人和後人都很少將法家的思想理論列為先秦「顯學」，對此當作何解釋？其二，漢代以降，法家在一片「過秦」、「批法」聲中黯然退出了上層建築意識形態領域的前臺，其學派亦因之中止了理論的發展，但「陽儒陰法」的歷史奇特現象也隨之發生，法家的核心理論與此後二千年的封建社會歷史相依伴，一直在後臺起著至關重要的指導作用，以商鞅、韓非為主要代表人物的法家學派，對中國歷史發展的影響是巨大和深遠的，在中國古代思想史上的學術地位也是非常重要的。然而無論古代和近代，為何在學術界作為諸子學重點研究對象的，往往只是儒、道、墨幾家的學術帶頭人，作為專門研究的學術領域而備受關注和常被提及的是「孔學」、「孟學」、「荀學」、「老學」、「莊學」、「墨學」，而鮮見有法家「商學」、「韓學」的提法？

　　基於以上存疑，筆者在對比重溫儒學、道學和墨學的同時，耙梳了法家商君學派和韓非的著作，並著重關注了法家思想理論的歷史地位和歷史命運。由此對商學、韓學長期以來未能作為一個專門的學術領域被學界去系統研究倍覺遺憾。唏噓之餘，便饒有興趣地產生了不自量力去探索商學與韓學、將其學術內涵和歷史價值真正發掘出來的「非分」想法。這是本書寫作的原始衝動。

　　但是，進入這一領域開始作初步的探索之後，卻發現問題遠非當初想像

的那麼簡單。首先，與儒、墨、道相比，法家內部的流派和理論體系顯得較爲龐雜，如管仲學派亦道亦法亦儒，韓非則對老學頗爲認同；又如，同爲法家，商鞅、申不害和慎到三人分別側重於法、術、勢，而從其內涵來說，術、勢似乎與法是相牴牾的。如何對法家「辨章學術，考鏡源流」，難度似相當大。

其次，法家於西漢「蓋棺論定」之後，二千餘年來在大多數人心目中，印象是不佳的，不少人乃至不齒於提起這一「天資刻薄」、〔註1〕「嚴而少恩」〔註2〕的學派。如是，法家乃長期積垢蒙塵，研究者寡，成爲學術上的冷門，故此對其的研究也一向很不系統，這就爲今日之清理、研究帶來了資料不足、脈絡不清的困難。

再次，與法家的學術特點有關，出於現實政治的需要，法家在當代曾一度被捧上了天，成爲政治鬥爭的工具而變得面目全非，「文革」十年尤甚。雖說「文革」結束後，隨著撥亂反正的開展，學術界對法家研究中的扭曲和謬誤曾進行了初步的清理和歸正，得出了「儒法鬥爭」「在理論上是荒謬的，在事實上也是虛構的」這一結論，〔註3〕但由於此後在諸子學領域研究的熱門始終集中在儒家和道家，在大陸傾心於法家研究且成果卓著者爲數不太多，對法家的研究始終未能形成一個群體，研究的廣度和深度都頗受局限，研究基礎的薄弱，爲深入系統地去探究帶來了一系列的困難。即便在「儒法鬥爭」、「評法批儒」等問題上，由於上述原因，也清理得尚不徹底，未能將其與法家的本來歷史面目充分劃清界限。

誠然，正因爲在法家的研究領域內存在著上述問題和困難，進一步開拓這一領域才具有挑戰性。由是，筆者乃不揣淺陋，願爲此做一點添磚加瓦的工作。

（二）

作爲一個學派，法家從西漢起便一蹶不振，再沒出現新的理論承傳者。歷代文人學者對法家商鞅、韓非有過評論的雖不乏其人，但一般都缺少系統的理性的研究，往往不是從思想學術層面而是著眼於個人秉性、品格方面去褒貶臧否，且十有八九會帶著強烈的感情色彩直接與批判暴秦聯繫在一起。

〔註1〕《史記·商君列傳》，上海，上海古籍出版社、上海書店《二十五史》本，1986。
〔註2〕《史記·太史公自序》。
〔註3〕任繼愈：《中國哲學史》第一冊，第5頁，北京，人民出版社，1979。

　　最早關注法家是與非的群體是西漢君臣，西漢前中期，在官方首肯下，漢儒曾進行過以「過秦反法」為主題的歷史反思和思想批判運動。從《史記》、《鹽鐵論》、《淮南子》、《漢書》等文獻記載看，當時漢儒很少針對法家的具體理論和言論進行詰難，從中難以反映出他們對法家思想理論的系統研究成果。換言之，漢儒「批法」只是停留在對暴秦的感性認識上，而未能深入到學術層面去探討法家在理論和實踐上的得失（參見本書第四章之「漢儒對法家的批判」部分）。

　　相對來說，漢代對法家研究用功較多的是作為歷史學家的司馬氏父子和班固。司馬談在《論六家之要指》中指出了法家「不別親疏，不殊貴賤，一斷於法」和「正君臣上下之分」，「尊主卑臣，明分職不得相逾越」的學派特徵；〔註4〕司馬遷在有關的人物傳記中分別介紹了商鞅、申不害、韓非等法家代表人物的學術淵源；班固則在《漢書・藝文志》中著錄了法家李子、商君、申子、慎子、韓子等十家二百一十七篇，並指出「法家者流，蓋出於理官，信賞必罰，以輔禮制。」他們對法家的研究和評價雖然仍帶有片面性，但內中包含了一定的學術成分。

　　北魏的劉昞是迄今所知最早注解《韓非子》的學者，《魏書・趙逸等傳・劉昞傳》（上海，上海古籍出版社、上海書店《二十五史》本，1986）曰：「昞……注《周易》、《韓子》、《人物志》、《黃石公三略》，並行於世。」惜其本已失傳，但自此起校勘、注釋《韓非子》則成為研究韓非的主要方式。據現代學者鄭良樹研究，今本《韓非子》乾道本的舊注在宋代已不知其著者，由此可證，劉昞之後至隋唐五代，亦有學者在為《韓非子》作注，只是時代與作者均不詳。〔註5〕

　　北宋時期，歐陽修、蘇軾等曾對法家商鞅、韓非等有專門論述，但都是拾漢儒的牙慧，攻法家以法繩天下之害而不及其餘，試摘數段如下：

　　　　法家者流，以法繩天下，使一本於其術，商君、申、韓之徒，
　　乃推而大之，挾其說以干世主，收取功名。至其尊君抑臣，辨職分，
　　輔禮治，於王治不為無益。然或狃細苛，持刻深，不可不察者也。

　　　〔註6〕

〔註4〕均見《史記・太史公自序》。
〔註5〕參看鄭良樹：《韓非子知見書目・序》，香港，商務印書館，1993。
〔註6〕《歐陽文忠全集》卷一百二十四，《崇文總目敘釋・法家類》，《四部備要》本。

有商鞅韓非著書，言治天下無若刑名之嚴，及秦用之，終於勝、廣之亂，教化不足而法有餘，秦以不祀，而天下被其毒。〔註7〕

商鞅用於秦，變法定令，行之十年，秦人大悅，道不拾遺，山無盜賊，家給人足，民勇於公戰，怯於私鬥。秦人富強，天子致胙於孝公，諸侯畢賀。（筆者按：以上為司馬遷所論，蘇軾對此極為不滿，故有以下之論）蘇子曰：此皆戰國之遊士邪說詭論，而司馬遷聞於大道，取以為史。吾嘗以為遷有大罪二，其先黃老後六經，退處士進奸雄，蓋其小小者耳。所謂大罪二，則論商鞅、桑弘羊之功也。自漢以來，學者恥言商鞅、桑弘羊，而世主獨甘心焉。皆陽諱其名，而陰用其實。甚者則名實皆宗之，庶幾其成功，此司馬遷之罪也。……秦固天下之強國，而孝公亦有志之君也……雖微商鞅，有不富強乎？秦之所以富強者，孝公敦本務穡之效，非鞅流血刻骨之功也。而秦之所以見疾於民，如豺虎毒藥，一夫作難，而子孫無遺種，則鞅實使之。〔註8〕

元明清時期，涉足商學、韓學的學者比此前略有增多，但也只囿於注解、詮釋法家代表作，而將法家作為一個學派去系統研究的人，仍是鳳毛麟角。何犿校注《韓非子》在元代可謂一枝獨秀，明清兩代，《商君書》和《韓非子》的校訂本及評點本層出不窮，如明代的范欽、馮覲、程榮、歸有光、楊慎、張鼎文、趙用賢、張榜、焦竑、陳深、門無子，清代的王念孫、吳鼐、顧廣圻、俞樾、王先慎、嚴萬里等，都承前啟後地積極參與其中，成果卓著。

清末民初，西學東漸，伴隨思想啟蒙運動對尊孔讀經的批判和對西方民主法治思潮的嚮往，先秦法家學說也被一批有識之士所重新關注、研究和應用於世。嚴復、章太炎、宋恕、沈家本等較為深入地探討了法家的代表作《商君書》和《韓非子》，並將此作為思想啟蒙運動的武器。尤其是章太炎，在對法家思想理論進行學術研究的基礎上，將法家學派分為申子、商鞅、管仲、韓非四大支脈，並得出「（西漢年間）儒法合流，再也沒有純粹的法家學說了，即便如此，法家的精神還是能造福於後世的」之結論。〔註9〕沈家本則將研究

<hr />

〔註7〕蘇軾：《韓非論》，《蘇軾文集》（第一冊第四卷）本，北京，中華書局，1986。
〔註8〕蘇軾：《論商鞅》，《蘇軾文集》（第一冊第五卷）本，北京，中華書局，1986。
〔註9〕參看章太炎：《讀管子書後》和《諸子學略說》二文，《章太炎政論選集》本，北京，中華書局，1977。

法家學說與吸收近代西方的法治、法理思想結合起來，總結了法學在中國由盛到衰的歷史原因。〔註10〕

　　民國期間，對法家的研究進一步興旺起來。胡適用西方法理學的範疇去梳理先秦法家學說，力圖闖出以新學理、新方法去整理國故的新路。〔註11〕梁啓超系統地把法家學說作爲政治思想史的研究對象，勾勒了法家法治主義、國家主義等特徵。〔註12〕楊鴻烈對先秦法家的法律思想進行了全面深入的研究，肯定了法家在中國法律思想史上獨佔鰲頭的重要地位。〔註13〕呂振羽則用馬克思主義的歷史觀和方法論研究和解讀先秦法家學說，爲這一領域的研究開拓了新的方向和思路。〔註14〕郭沫若也力圖在歷史唯物觀的指導下，深化對法家在學術上的研究。〔註15〕

　　中華人民共和國成立後到「文革」前，在先秦法家學說的研究中，出現了新的面貌。一是研究的主體以歷史學擔綱，取代了以往的法理學和政治學；二是以馬克思主義的立場、觀點、方法取代了以西學爲主導的新文化涵蓋的學術理念；三是研究成果頗爲豐碩。〔註16〕

　　「文革」中、後期，在「評法批儒」運動中，法家（繼秦之後）在歷史上第二次走紅，成爲時代的寵兒，被學術界所集中「研究」和追捧。但這種「研究」和討論，已基本游離於學術之外而淪爲御用的政治工具。最典型者，一是「儒法鬥爭」歷史的杜撰，二是法家的泛化（隨意擴大法家的範疇和範圍）現象。〔註17〕

　　「文革」結束後，隨著中國大陸在學術上的撥亂反正，片面乃至極端「尊法反儒」的遺毒不斷得到肅清，對法家的研究也逐漸步入正軌。隨著學術研

〔註10〕　參看沈家本：《寄簃文存二編》卷上《法學盛衰說》，李貴連《沈家本傳》本，第359至361頁，北京，法律出版社，2000。

〔註11〕　參看胡適：《中國哲學史大綱（卷上）》，第十二篇第二章，北京，東方出版社，1996。

〔註12〕　參看梁啓超：《先秦政治思想史》，第十三、十四、十五、十六章，北京，中華書局，1986。

〔註13〕　參看楊鴻烈：《中國法律思想史》，第三章，上海，上海書店，1984。

〔註14〕　參看呂振羽：《中國政治思想史》第五編第二、四章，北京，三聯書店，1955。

〔註15〕　參看郭沫若著《十批判書》中的《前期法家的批判》和《韓非子批判》，北京，東方出版社，1996。

〔註16〕　參看李海生：《法相尊嚴——近現代的先秦法家研究》，第五章，瀋陽，遼寧教育出版社，1997。

〔註17〕　參看李海生：《法相尊嚴——近現代的先秦法家研究》，第六章。

究的繁榮和民主法制建設的推進，法家的研究在「文革」前的基礎上百尺竿頭，更進一步，在法治理論、法律思想、政治思想、哲學思想、人物傳記諸方面展開了全面的探討，不斷取得新的成果

　　值得一提的是，二十世紀七十年代以來，臺灣、香港地區掀起了中國文化熱，內中包括了對法家文化的研究。傾心於法家文化研究的臺港學者，近四十年來取得的成果頗為可觀。其中較有份量的專著有戴東雄的《從法實證主義之觀點論中國法家思想》（臺灣三民書局 1973 年版），王潔卿的《中國法律與法治思想》（臺灣三民書局 1982 年版），黃公偉的《法家哲學體系指歸》（臺灣商務印書館 1983 年版），侯家駒的《先秦法家統制經濟思想》（臺灣聯經出版事業股份有限公司 1985 年版），姚蒸民的《法家哲學》（臺灣東大圖書有限公司 1986 年版），王曉波的《先秦法家思想史論》（臺灣聯經出版事業股份有限公司 1991 版），王叔岷的《先秦道法思想講稿》（臺灣《文哲所中國文哲專刊》之二，1992 年版；中華書局 2007 年版），林聰舜的《西漢前期思想與法家的關係》（臺灣大安出版社 1991 版），鄭良樹的《商鞅及其學派》（臺灣學生書局 1987 年版；上海古籍出版社 1989 年版）、《商鞅評傳》（南京大學出版社 2011 年版）和《韓非之著述及思想》（臺灣學生書局 1993 年版），封思毅的《韓非子思想散論》（臺灣商務印書館 1975 年版），王靜芝的《韓非思想體系》（臺灣輔仁大學文學院叢書 1977 年版），王邦雄的《韓非子的哲學》（臺灣東大圖書有限公司 1977 年初版，1988 年第 4 版），姚蒸民的《韓非子通論》（臺灣三民書局 1978 年版），吳秀英的《韓非子研議》（臺灣文史哲出版社 1979 年版），徐漢昌的《韓非的法學和文學》（臺灣維新書局 1979 年版），謝雲飛的《韓非子析論》（臺灣三民書局 1980 年版），徐漢昌的《韓非的法學與文學》（臺灣文史哲出版社 1984 年第 3 版），張素貞的《韓非子思想體系》（臺灣黎明文化出版公司 1985 年版），張純（韓裔美籍學者）和王曉波（臺灣學者）合著的《韓非思想的歷史研究》（中華書局 1986 年據臺灣聯經出版事業股份有限公司 1983 年版影印），蔡英文的《韓非的法治思想及其歷史意義》（臺灣文史哲出版社 1986 年版），蔡振修的《韓非的法律思想研究》（臺灣著者出版社 1986 年版），蔡榮桐的《韓非子思想管窺》（臺灣書店 1988 年版），盧瑞鍾的《韓非子政治思想新探》（臺灣三民書局 1989 年版），王贊源的《中國法家哲學》（臺灣東大圖書有限公司 1989 年版），高柏園的《韓非哲學研究》（臺灣文津出版社 1994 年版），李甦平的《韓非》（臺灣東大圖書有限公司 1998

年版），李增的《先秦法家哲學思想——先秦法家法理、政治、哲學》（臺灣國立編譯館 2001 年版），林緯毅的《法儒兼容：韓非子的歷史考察》（臺灣文津出版社 2004 年版），陳拱的《韓非思想衡論》（臺灣商務印書館 2008 年版）等等。另據鄭良樹先生介紹，七十至八十年代，臺灣有十餘位研究生通過對法家的研究而取得碩士或博士學位。〔註 18〕

　　同期，大陸學者研究法家的專著（不計「文革」期間的出版物）則主要有衛東海的《中國法家》（宗教文化出版社 1996 年版），曾振宇的《前期法家研究——法、術、勢社會政治理論的建構》（山東大學出版社 1996 年版），李海生的《法相尊嚴——近現代的先秦法家研究》（遼寧教育出版社 1997 年版），武樹臣、李力合著的《法家思想與法家精神》（中國廣播電視出版社 1998 年初版，2007 年修訂版），蘇南的《法家文化面面觀》（齊魯書社 2000 年版），徐祥民的《法家的法律思想研究》（收入李鳴土編：《青藍集：張晉藩先生指導的法學博士論文萃編》，法律出版社 2002 年版），張有智的《先秦三晉地區的社會與法家文化研究》（人民出版社 2002 年版），韓東育的《日本近世新法家研究》（中華書局 2003 年版），韓星的《先秦儒法源流述論》（中國社會科學出版社 2004 年版）和《儒法整合——秦漢政治文化論》（中國社會科學出版社 2005 年版），楊玲的《中和與絕對的抗衡—— 先秦法家思想比較研究》（中國社會科學出版社 2007 年版），時顯群的《法家「以法治國」思想研究》（人民出版社 2010 年版），孫開泰的《法家史話》（社會科學文獻出版社 2011 年版），丁毅華的《商鞅傳》（重慶出版社 1999 年版），湯勤福的《商子答客問》（上海人民出版社 1999 年版），張林祥的《〈商君書〉的成書與思想研究》（人民出版社 2008 年版），朱永嘉的《商鞅變法與王莽改制》（中國長安出版社 2013 年版），王耀海的《商鞅變法研究》（社會科學文獻出版社 2015 年版），周勳初的《韓非子札記》（江蘇人民出版社 1980 年版），陳奇猷、張覺合著的《韓非子導讀》（巴蜀書社 1990 年版），孫實明的《韓非思想新探》（湖北人民出版社 1990 年版），王宏斌的《中國帝王術——〈韓非子〉與中國文化》（河南大學出版社 1995 年版，改寫後以新書名《慧通韓非子》於 2007 年由九州出版社出版），谷方的《韓非與中國文化》（貴州人民出版社 1996 年版），蔣重躍的《韓非子的政治思想》（北京師範大學出版社 2000 年版），陳偉的《韓非

〔註 18〕詳見鄭良樹：《諸子著作年代考》，第 249 至 250 頁，北京，北京圖書館出版社，2001。

子答客問》（上海人民出版社 2002 年版），施覺懷的《韓非評傳》（南京大學
出版社 2002 年版），宋洪兵的《韓非子政治思想再研究》（中國人民大學出版
社 2010 年版），楊義的《韓非子還原》（中華書局 2011 年版），郭春蓮的《韓
非法律思想研究》（上海人民出版社 2012 年版），張覺的《韓非子考論》（知
識產權出版社 2013 年版），彭鴻程的《秦漢韓非子學研究》（嶽麓書社 2014
年版），趙又春的《我讀韓非子》（嶽麓書社 2014 年版）等等。

　　從以上情況來看，臺港學者對法家及商、韓的研究，涉及史學、哲學、
法學、政治學、經濟學和文學等多個學術領域，在廣度和深度方面，並不遜
色於大陸學者（尤其是上世紀的後三十年）。而大陸學者的研究成果，較爲集
中地產生於九十年代中期以後，以整體研究居多，而分類研究較少。

　　近二十年來，中國大陸在法家研究這一領域，有了較大的進步，廣度不
斷拓寬，新作也不斷湧現。尤爲令人欣喜的是，在該研究領域，不斷有新銳
加盟，不少碩士生乃至博士生，都把法家作爲重點研究對象，從中選擇有價
值的課題作爲自己的學位論文。如上文所列蔣重躍、徐祥民、張有智、韓星、
楊玲、時顯群、張林祥、宋洪兵、郭春蓮、彭鴻程等人的專著，都是在博士
學位論文的基礎上修改出版的。新人新作的湧現，對於法家研究領域活力的
增強和整體水平的提高，有著十分重要的意義。

　　如何加強法制建設，實行以法治國，是當代中國社會的一個熱點問題。
法治是一個歷史的範疇，雖然古代的法治在很大程度上還是人治，與現代眞
正意義上的法治不可同年而語，但從古到今，法治的提出和實現是一個漫長
的、含義不斷變化的歷史過程，故不可將現代法治與古代法治完全割裂和對
立。換言之，要健全現代民主、法制建設，還需加強對古、近代的法治研究，
借鑒其正、反兩方面的經驗教訓，從中總結出帶規律性的東西。故此，從發
展的趨勢來看，隨著我國現代化建設的推進，今後對法家的研究只會加強而
不會弱化，近二十年來大陸學者在該領域的研究有所深化，湧現較多的新成
果，正是對上述發展趨勢的一個注腳。相信在大陸與海外學界的合力之下，
對法家的研究定會在今後一段時期內取得新的突破。

（三）

　　如前所述，在法家的研究領域，尚有較大的開拓空間，作爲法家思想主
旋律的商學和韓學，更是有著較大的研究空間和較高的研究價值。限於筆者

的學力，本書只著重探討以下幾個方面的問題。

關於先秦諸子百家中哪些學派可居於「顯學」之位，歷來見仁見智。中國學術史上最早專題研究「顯學」的韓非，僅將儒、墨兩家列為顯學。這對於諸子學的研究來說，是一久存的疑團。關於法家在先秦未能名列顯學這一問題，歷來鮮見有學者正面提出，筆者試圖在探索商韓之學的同時，一併揭開這些疑團，否則，法家的歷史地位和學術地位，都會因此而蒙上一層陰影。

從歷史文獻中我們可發現，歷代學者多將申、韓二人並列提之，而較少將商鞅和韓非直接連在一起。個中的主要原委，是一般都認為法家理論的顯著特徵是「術」，因而較看重「申韓之術」，將之作為法家的主要標籤。筆者認為，法家理論的基本內容，固然可用「法、術、勢」概括之，但顧名思義，法家的理論之精髓，更應以一個「法」字去高度概括。商鞅是法家法治理論嚴整體系的建立者，韓非認可並推崇商鞅的法理論，將其作為法家集大成理論的第一要素，故「商韓之法」比之「申韓之術」，更能充分體現法家理論的精神實質和理論價值。

以往對「陽儒陰法」的探討，以平面觀察和分析居多，而較少把其作為一個綜合體研究之，辯證地去認識它的兩面性乃至多面性，因之對「陽儒陰法」豐富內涵和深遠影響的理解和詮釋也受到局限。有鑒於此，筆者在分析這一奇特的歷史現象時，乃縱橫結合，從多個角度去剖析和考察「陽儒陰法」的源和流，由正反兩個方面去認清其歷史作用。

對於法家的研究，在古代只是零零星星、斷斷續續，完全不成體系。至近、現代，研究者和研究成果雖逐漸增多，但真正的理論框架並未搭起。鑒此，筆者認為，在學者深入研究法家思想理論及其歷史地位的基礎上，集當代學界之合力，努力構建一門體系完整，足以集法家之大成、熔古今研究成果於一爐的學科，即本書試圖著力探討的「商韓之學」，是一項頗有歷史意義和現實意義的工程。

第一章　以商韓爲中心的先秦法家

　　「法家」一詞，最早見《孟子・告子下》：「入則無法家拂士，出則無敵國外患者，國恆亡。」此處的「法家」指執法的大臣，與後世所稱法家無必然聯繫。《管子・山至數》也曾言及「法家」，但在那裏，「法」是指「輕重之法」即理財之術，「法家」是指「輕重家」即理財專家，與後世所稱法家更風馬牛不相及。在學術上最早提出「法家」概念的是司馬談的《論六家之要指》：「法家不別親疏，不殊貴賤，一斷於法，則親親尊尊之恩絕矣。可以行一時之計，而不可長用也。故曰『嚴而少恩』。若尊主卑臣，明分職不得相逾越，雖百家弗能改也。」〔註1〕繼後是班固的《漢書・藝文志》：「法家者流，蓋出於理官，信賞必罰，以輔禮制。《易》曰：先王以明罰飭法，此其所長也。及刻者爲之，則無教化，去仁愛，專任刑法而欲以致治，至於殘害至親，傷恩薄厚。」曹魏時的劉邵沿襲戰國韓非之說，將管仲、商鞅作爲法家的代表人物，並指出其學派特徵：「建法立制，強國富人（兵），是謂法家，管仲、商鞅是也。」〔註2〕

　　法家按時間先後可分爲早期、中期和後期法家。早期法家有管仲、子產等，他們是法家的思想先驅；中期法家有李悝、吳起、商鞅、慎到、申不害等，他們建立起了法家的基本理論，並通過變法運動試行其法治實踐，取得了理論建樹和政治改革的雙豐收；後期法家有韓非、李斯等，他們綜合整理了法家先輩的思想理論和實踐經驗，對法、術、勢等重大問題作了進一步的深入探討，使法家理論趨於系統和完備，並將之作爲新興地主階級的統治理

〔註1〕《史記・太史公自序》。
〔註2〕劉邵：《人物志》卷上第三，《流業》，《四部叢刊》本。

論在秦全面、極端地施行，直接促進了秦統一王朝的建立以及秦朝的二世而亡。〔註3〕

法家按產生地域又可分爲齊法家（東方法家）和晉秦法家（西方法家）。齊法家以管仲爲旗幟，晉秦法家則包括李悝、吳起、商鞅、愼到、申不害、韓非、李斯等。〔註4〕從對先秦、秦朝政局的作用以及對漢代以降歷史的影響來看，晉秦法家無疑是法家的主體，其主要代表商鞅、韓非的思想所產生的影響和發揮的作用也最大。「吾人欲述法家之政治思想，不可不以商韓爲主。」〔註5〕本章所著重關注的，正是商、韓二人對之貢獻最大的法家基本理論。

第一節　法家的基本理論

一、商鞅（商君學派）思想理論概述

1、《商君書》的成書

《商君書》以論文集的形式出現，是一部政論專著，同時也是法家第一部較爲系統地記載其基礎理論的扛鼎之作。根據《韓非子‧五蠹》「今境內之民皆言治，藏商、管之法者家有之」的說法，可知戰國後期《商君書》已在社會上廣爲流傳。《漢書‧藝文志》在《諸子略》的「法家」中著錄「《商君》二十九篇」，今存二十六篇，其中兩篇有題無文，實存二十四篇，〔註6〕是研究法家尤其是商君學派不可或缺的歷史資料。

在歷史上，《商君書》曾有過幾種書名，西漢時名爲《商君》，如上文所引《漢書‧藝文志》著錄。三國時稱爲《商君書》，《三國志‧蜀書‧先主傳》注引《諸葛亮集》所載先主遺詔敕後主曰：「可讀《漢書》、《禮記》，閑暇歷觀諸子及《六韜》、《商君書》，益人意智。」大致從五代、北宋之際起，又稱

〔註3〕學界多作前期法家（管、子、李直至商、愼、申均劃入其列）和後期法家（韓、李）之分，亦有早期法家和後期法家之說。筆者認爲，根據其產生、發展狀態的演進，按早期（萌芽期）、中期（成長期）、後期（成熟期）的劃分更爲科學，故「獨樹一幟」。

〔註4〕學界也有人將愼道歸入齊法家，參看蘇南《法家文化面面觀》，第66頁，濟南，齊魯書社，2000年。

〔註5〕蕭公權：《中國政治思想史》，第139頁，北京，中國人民大學出版社，2014。

〔註6〕高亨《商君書注譯‧商君書作者考》曰：「今本《商君書》即自漢以來相傳之本」。濟南，齊魯書社，1974。

爲《商子》，歐陽修主編的《新唐書・藝文志》在《商君書》下注曰：「或作《商子》」。

《商君書》並非單人獨著，其主要思想，無疑出自商鞅，但關於其編著者，卻有各種各樣的看法，這許多種看法，大致可分作三大類：

第一類：《漢書・藝文志》、《隋書・經籍志》、《舊唐書・經籍志》等，均記載《商君書》爲「秦相衛鞅撰」。現代學者呂思勉等，也認同《商君書》是商鞅的著作。〔註7〕

第二類：清代《四庫全書》的編撰者認爲，《商君書》並非商鞅親著，而是法家後學收集商鞅的言論編纂而成。《四庫全書提要・商子》考曰：「孝公卒後，鞅即逃死不暇，安得著書？如爲平日所著，則必在孝公之世，又安得開卷第一篇即稱孝公之諡？殆法家者流掇鞅餘論以成是編，猶管子卒於齊桓公前，而書中屢稱桓公耳。」現代學者胡適更進一步認爲：「今世所傳《商君書》24篇，乃是商君死後的人假造的書。」〔註8〕這就不但將商鞅排除在作者之外，而且非常肯定地把《商君書》貶爲僞書。〔註9〕

第三類：現代商學專家高亨認爲，今本《商君書》中的「各篇並非作於一人，也非寫於一時，」「它是商鞅遺著與其它法家遺著的合編。如果說全是商鞅所作或全非商鞅所作，都未免流於片面。」〔註10〕近代以來持相近觀點的有羅根澤、胡寄窗、鄭良樹等。〔註11〕

筆者認爲，在諸說中，上述第三類說法較爲中肯。

至於《商君書》的成書年代，如前所述，一般都根據《韓非子・五蠹》推斷，認爲《商君書》在戰國末年韓非被害之前已集輯刊成並廣爲流傳。但具體言之，也有多種說法，恕不贅述。

〔註7〕　參看呂思勉：《讀商君書》，載《光華大學半月刊》1935年第四卷第4期。

〔註8〕　胡適：《中國哲學史大綱（卷上）》，第322頁。

〔註9〕　最早對《商君書》的眞僞提出質疑的應是宋代黃震的《黃氏日抄》卷五五，《讀諸子一》：「《商子》者，公孫商鞅之書也。……其文煩碎不可以句……或疑鞅爲法吏之有才者，其書不應煩亂若此，眞僞殆未可知也。」（紀昀等：《四庫全書・子部儒家類》，四庫全書研究所《欽定四庫全書總目（整理本）》本，北京，中華書局，1997。）

〔註10〕　高亨：《商君書注譯・商君書作者考》。

〔註11〕　參看：羅根澤《諸子考索・商君書探源》，北京，人民出版社，1958；胡寄窗《中國經濟思想史》上冊，上海，上海人民出版社，1962；鄭良樹《商鞅評傳》，南京，南京大學出版社，1998。

2、《商君書》的主要內容

《商君書》的主要內容是闡述商鞅的政治思想和治國方略，今本二十四篇中，除《戰法》、《立本》、《兵守》等少數幾篇是闡述軍事思想和戰略戰術之外，貫穿全書的基本上是以「法治」〔註12〕和「農戰」爲中心的政治理論和策略謀劃。這些理論和謀略，大致可分爲以下幾個方面：

第一，以法治國。

蕭公權認爲：「先秦尊君權任法術之思想至李、尸、愼諸子殆已約略具體。然嚴格之法治思想必俟商鞅而後成立。」〔註13〕以法治國和農戰並重，是商鞅治秦的兩大國策，也是日後秦得以一統天下的兩大法寶。從《商君書》中可知，早在戰國時期，商君學派業已建立起嚴整的法治理論體系，並充分利用手中掌握的政治權力，在秦國努力實踐之。

商君學派提倡法治，是以基本否定禮治、德治爲前提的。對此，《商君書》作者的態度相當鮮明：

> 故曰：仁者能仁於人，而不能使人仁；義者能愛於人，而不能使人愛。是以知仁義之不足以治天下也……聖王者不貴義而貴法。（《商君書・畫策》，本章以下凡引《商君書》均略去書名而只列篇名）

> 效於古者，先德而治；效於今者，前刑而法。（《開塞》）

《商君書》極力倡導的，是「秉權而立，垂法而治。」〔註14〕它崇尚法治，把「法」擺在國家政治生活中至高無上的地位：

> 法者，國之權衡也。（《修權》）

> 國之所以治者三：一曰法；二曰信；三曰權。（《修權》）

> 法令者民之命也，爲治之本也，……爲治而去法令，猶欲無饑而去食也，欲無寒而去衣也，欲東而西行也。（《定分》）

《商君書》作者認爲，要保證法治的強化，必須突破「禮不下庶人，刑

〔註12〕「法治」連稱，較早見於《晏子春秋・內篇・諫上》：「修法治，廣政教。」（《新編諸子集成續編》收張純一《晏子春秋校注》本，北京，中華書局，2014。）《商君書・壹言》則有「治法明，則官無邪」、「秉權而立，垂法而治」等論述（《新編諸子集成》收蔣禮鴻《商君書錐指》本，北京，中華書局，1986）。

〔註13〕蕭公權：《中國政治思想史》，第139頁。

〔註14〕《商君書・壹言》。

不上大夫」〔註15〕的藩籬，取消貴族的特權，建立「信賞必罰」和「壹刑」
的法律秩序：

　　　　賞厚而信，刑重而必，不失疏遠，不違親近。(《修權》)

　　　　所謂壹刑者，刑無等級，自卿相將軍以至大夫庶人，有不從王
　　　令、犯國禁、亂上制者，罪死不赦。有功於前，有敗於後，不爲損
　　　刑。有善於前，有過於後，不爲虧法。(《刑賞》)

　　《商君書》的作者還進一步認爲，實行「壹刑」，必須讓眾人對法律有畏
懼之心而不敢觸犯，其最有效的做法，就是「輕罪重罰」、「以刑去刑」。這樣
的論述在《商君書》中俯拾皆是，如：

　　　　刑重者，民不敢犯；故無刑也，而民莫敢爲非。(《畫策》)

　　　　禁姦止過，莫若重刑。刑重而必得，則民不敢試，故國無刑民。
　　　國無刑民，故曰：明刑不戮。……明刑之猶至於無刑也。(《刑賞》)

　　　　行罰：重其輕者，……輕者不至，重者不來，此謂之以刑去刑。
　　(《靳令》)

　　　　治法明則官無邪。(《壹言》)

　　第二，農戰並重。

　　如前所述，農戰並重是商鞅治秦的兩大國策之一，被作爲立國之本，所謂
「國之所以興者，農戰也。」〔註16〕自商鞅入主秦政直至其身後，秦國「農戰
爲本」的戰略思想一直在貫徹執行，變法按此設計核心內容，富國強兵也因之
得以實現。一言以蔽之，秦國能夠在戰國七雄中脫穎而出，「振長策以御宇內」，
「履至尊而制六合」，〔註17〕其物質基礎正是在農戰理論的指導下奠定的。

　　商君學派認爲，治國的要領，是使民眾把心思都集中到農戰上，所謂「作
壹」、「壹務」。農與戰的關係，是富與強的關係，對此，《商君書》中多有論
述：

　　　　國待農戰而安，主待農戰而尊。(《農戰》)

　　　　國作壹一歲者，十歲強；作壹十歲者，百歲強；作壹百歲者，
　　　千歲強；千歲強者王。(《農戰》)

〔註15〕《禮記·曲禮上》，王文錦《禮記譯解》本，北京，中華書局，2001。
〔註16〕《商君書·農戰》。
〔註17〕賈誼：《過秦論》，《史記·秦始皇本紀》本。

故民壹務，其家必富，而身顯於國。（《壹言》）

兵農怠而國弱。（《弱民》）

邊利歸於兵者強，市利歸於農者富。（《外內》）

入使民盡力，則草不荒。出使民致死，則勝敵。勝敵而草不荒，富強之功，可坐而致也。（《算地》）

國之所以重，主之所以尊者，力也。於此二者力本。……故吾教令：民之欲利者，非耕不得；避害者，非戰不免。境內之民莫不先務耕戰，而後得其樂。故地少粟多，民少兵強，能行二者於境內，則霸王之道畢矣。（《慎法》）

在《商君書》中，商君學派提出的農戰措施，主要體現在重農抑商、兵農合一、獎勵耕戰等方面：

善爲國者，倉廩雖慢，不偷於農。（《農戰》）

爲國者……市利盡歸於農。（《外內》）

使商無得糴，農無得糶。（《墾令》）

重關市之賦，則農惡商，商有疑惰之心。農惡商，商疑惰，則草必墾矣。（《墾令》）

按兵而農，粟爵粟任，則國富。（《去強》）

入使民屬於農，出使民壹於戰。（《算地》）

萬民疾於耕戰。〔註18〕（《弱民》）

第三，君臣之道。

爲君之道和爲臣之道是古代政治生活的重要準則，管子曰：「君有君道，臣有臣道，各守其道，國乃可治。」「君失其道，無以有其國；臣失其道，無以有其位。」〔註19〕與《管子》大略同期成書的《商君書》，對於「君臣之義」，〔註20〕也作了精心的研究。

《商君書》中提及的「君臣之義」，是以國君爲主體，重心落在君主如何獨斷專權、駕馭臣下，諸如：

〔註18〕 「疾」，急也，引申爲努力（據高亨《商君書注譯》）。
〔註19〕 《管子·君臣上》，《新編諸子集成》收黎翔鳳《管子校注》本，北京，中華書局，2004。
〔註20〕 《商君書·君臣》。

　　國之所以治者三：一曰法，二曰信，三曰權。……權者，君之
所獨制也。……權制斷於君則威。(《修權》)

　　主操名利之柄，而能致功名者，數也。聖人審權以操柄，審數
以使民。數者，臣主之術，而國之要也。〔註21〕(《算地》)

《商君書》還特別探討了法與君主、臣下的關係：

　　……明主慎法制。言不中法者，不聽也；行不中法者，不高也；
事不中法者，不為也。(《君臣》)

　　……明主忠臣……不可以須臾忘於法。……使吏非法無以守。
(《慎法》)

　　法者，國之權衡也。……君好法，則臣以法事君；君好言，則
臣以言事君。君好法，則端直之士在前；君好言，則毀譽之臣在側。
(《修權》)

　　國之所以治者三：一曰法，二曰信，三曰權。法者，君臣之所
共操也。……(《修權》)

3、《商君書》的哲學思想

　　《商君書》是一部以政治思想為核心的政論專著，但若細細解讀，還可
從多方面窺見商君學派哲學理論思維的脈絡。

　　第一，歷史哲學。

　　現代學者馮友蘭認為，先秦時期儒、墨、道諸派的哲學家們，出於為自
己學說尋找依據的需要，均持歷史倒退論而鼓吹復古，唯法家的歷史觀「是
鮮明的例外。他們充分認識到時代變化的要求，又極其現實地看待這些要求。」
〔註22〕馮氏這一評價是頗為中肯的。而在法家中，商鞅是較早較明確地提出
進化的社會歷史觀的，並以此作為變法的理論基礎。他在秦國變法前夕與主
張「法古」、「循禮」的保守派代表人物甘龍、杜摯辯論時便指出：「三代不同
禮而王，五代不同法而霸」。「前世不同教，何古之法？帝王不相復，何禮之
循？……禮、法以時而定，制、令各順其宜……治世不一道，便國不必法古。」
〔註23〕針鋒相對地否定了甘、杜等留戀前代、託古復制的歷史觀。

─────────────

〔註21〕「臣主」當作「人主」。參看張覺：《商君書全譯》，第84頁注釋③，貴陽，
　　　　貴州人民出版社，1993。
〔註22〕馮友蘭：《中國哲學簡史》，第137頁，北京，北京大學出版社，1996。
〔註23〕《商君書‧更法》。

　　中國古代的學者和政治家在闡述其歷史觀時，多用到「古」、「今」、「世」、「俗」、「時」、「勢」、「變」、「化」、「治」、「亂」等術語。《商君書》的作者把握住這些術語的內涵，嫻熟地從正反兩方面去分析比較厚今與薄古的利弊。如在《開塞》篇中，簡要地勾勒了人類社會的歷程，將此前的歷史分爲「上世」、「中世」和「下世」三個階段（「上世」指以血緣關係爲基礎的氏族社會，其特徵爲「親親而愛私」；「中世」指原始社會末期部落聯盟時期，其特徵爲「上賢而說仁」；「下世」指夏商周三代，其特徵爲「貴貴而尊官」），〔註 24〕以圖說明歷史從來就是不斷變化發展的，故治理國家、釐定制度，均不應恪守一成不變的模式，而應隨著時代的變遷，根據現實的需要制訂新的禮儀、法令、制度等，所謂「苟可以強國，不法其故；苟可以利民，不循其禮。」〔註 25〕《商君書》的進化的社會歷史觀，在《更法》、《開塞》、《壹言》、《畫策》諸篇中多有凸現，對此，各種思想史論著均見提及。筆者想強調的是，這種進步的社會歷史觀，是封建國家實行政治、經濟改革的哲學基礎，它既替商鞅變法本身鳴鑼開道，爲當時改革的施行營造了輿論，又給秦漢以降歷代的政治改革提供了思想基礎。

　　第二，政治哲學。

　　法家的主要學說，如法、術、勢等，都可納入政治學的範疇研究。此處是從思想方法的角度，去審視商君學派的政治理念，俾能助於加深對其改革信念和政治實踐的理解。

　　甲、改革進取。

　　基於社會進化的歷史觀，作爲先秦最有成就的改革家，商鞅是在政治上抱著以國、民利益爲重而敢爲人先的態度，主張除舊布新的。他認爲，「世事變而行道異。」〔註 26〕儘管常人一般都安於舊習，社會上往往存在著「有高人之行者，固見負於世；有獨知之慮者，必見駭於民」的現象，但若出於公心，則應「無顧天下之議之」而敢作敢爲，只要「可以強國，」「可以利民，」就應「不法其故，」「不循其禮，」「亟定變法之慮。」〔註 27〕這種積極進取的政治哲學，是商鞅銳意改革的精神支柱，激勵其在艱難的改革中力排眾議，

〔註 24〕關於「上世」、「中世」、「下世」具體如何斷代，《商君書》原書並未明確指出，筆者主要依據《開塞》篇並參考《更法》、《畫策》等篇而作此劃分。
〔註 25〕《商君書・更法》。
〔註 26〕《商君書・開塞》。
〔註 27〕均見《商君書・更法》。

義無返顧，並爲之付出了本人生命的代價。

乙、法權相依。

商君學派認爲：「國之所以治者三：一曰法，二曰信，三曰權。」〔註28〕這裏的「信」，指信賞必罰，可將其視爲「法」的一部分。所以，商鞅等極力推崇的治國法寶，實際上是法和權，所謂「秉權而立，垂法而治。」〔註29〕他們認爲，權與法是相依的。首先，只有「秉權而立」，才能「垂法而治」，即法的制定和推行，須依賴於權力；其次，雖「權者，君之所獨制也。」〔註30〕但若沒有法制作保障，則君主的至尊也難以樹立和保持，無法眞正做到大權獨攬、「勢」「法」並用，「一正以立術。」〔註31〕因此，「明主……不可以須臾忘於法。」〔註32〕從「法制不明，而求民之行令也，不可得也。民不從令，而求君之尊也，雖堯、舜之知，不能以治」〔註33〕的論述中，我們可窺見，在商君學派的心目中，「從王令」和「行王法」〔註34〕是互爲因果的，其「法有，民安其次；……國守安，主操權」〔註35〕的論斷，辯證地揭示了權與法的相互依存關係。

第三，處世哲學。

與其政治理論如出一轍，商君學派在社會生活中也極力推崇公德、法理、尚信務實、注重功利等倫理哲學。這套頗具個性的哲學，較爲充分地體現於商鞅本人的立身處世和政治實踐中。

甲、立公去私，任法釋情。

商鞅等認爲，「公私之交，存亡之本也」。他指出，現實中存在的私弊，有三種類型。一是君主「釋法而任私議」，「以私害法」。即在決策中拋棄法度，隨意聽信私人的議論；二是大臣「爭於私而不顧其民」，小吏「隱下以漁百姓」，〔註36〕即貪官污吏假公濟私，漁肉百姓；三是民眾「愛私」〔註37〕而有「私

〔註28〕《商君書・修權》。
〔註29〕《商君書・壹言》。
〔註30〕《商君書・開塞》。
〔註31〕《商君書・算地》。
〔註32〕《商君書・慎法》。
〔註33〕《商君書・君臣》。
〔註34〕《商君書・賞刑》。
〔註35〕《商君書・弱民》。
〔註36〕均見《商君書・修權》。
〔註37〕《商君書・開塞》。

道」〔註38〕以及「民多私義」，「民多私勇」，〔註39〕即人民都私心極重，張揚個人主義而逞一己之勇。針對以上弊端，商鞅提出，在朝中要「任法去私」，做到公私分明，「不失疏遠，不違親近」，「爲天下治天下」；〔註40〕在民間則應有堵有導，「塞私道以窮其志，啓一門（農戰）以致其欲。」〔註41〕

商鞅等認爲，法與情之間，是互相對立、排斥的關係，「用善，則民親其親；任姦，則民親其制。」〔註42〕因此，人際關係的最高境界，是「夫妻、交友不能相爲棄惡蓋非，而不害於親（不因彼此間的親密關係而損害法治）。」〔註43〕上文提及的「不失疏遠，不違親近」，誠然闡明了公私分明的原則，同時也道出了法與情的互不相容。

在以法治國的思想指導下，商鞅提出的立公去私，是通過法治的途徑去實現的。同時他本人還能嚴於律己，身體力行。司馬遷讀了《商君書》後，認爲商君的言論「與其人行事相類。」〔註44〕劉向也認爲「商君極身無二慮，盡公不顧私。」〔註45〕商鞅作法自斃的悲壯結局，充分說明了他的大公無私。

乙、任力棄德。

戰國時代在討論倫理道德問題時，往往從「人性」開始。在荀子、韓非子提出「性惡論」與孟子的「性善論」分庭抗禮之前，商鞅等已對「人性」有了一些初步的論述，他們從人的自然欲望切入去考察這一問題：「民之性，饑而求食，勞而求佚，苦則索樂，辱則求榮，此民之情也。」並進而得出「民生則計利，死則慮名」；「民之生，度而取長，稱而取重，權而索利」；〔註46〕「民之於利也，若水之於下也，四旁無擇也」〔註47〕以至「民之欲富貴也，其闔棺而後止」〔註48〕的結論。這種人性好利的觀點，與管子的「人性唯利」

〔註38〕《商君書・説民》。
〔註39〕《商君書・畫策》。
〔註40〕均見《商君書・修權》。
〔註41〕《商君書・説民》。
〔註42〕《商君書・畫策》。
〔註43〕《商君書・禁使》。
〔註44〕《史記・商君列傳》。
〔註45〕《史記・商君列傳》《集解》引《新序》。
〔註46〕均見《商君書・算地》。
〔註47〕《商君書・君臣》。
〔註48〕《商君書・畫策》。

論〔註49〕如出一轍，開了「性惡論」之先河。

　　基於以上認識，商鞅等認爲，針對人們好利的本性，統治者可以因勢利導，鼓勵耕戰，讓民眾通過務農、參戰，獲得一定的政治、經濟利益，既使人們好利的本性得到某種程度的滿足，又使國家達到富國強兵的目的。由此，引出了新的道德標準和提高道德境界的途徑，即以國家法度爲準則，對百姓進行爲國爲公的道德教育，營造國家利益至上的社會風尚。具體而言，就是以法度去規範道德，讓百姓明確最高尚的道德是努力耕戰，爲富國強兵效力；並以法令爲依據，以百姓爲耕戰政策效力大小作標準去對他們實行賞賜或懲處，是爲「任力」；從而摒棄了儒家空談仁義的說教，杜絕以巧言辯說或個人的道德修養去獲取名利，是爲「棄德」。故有「明君之治也，任其力不任其德」〔註50〕之說。

　　綜上所述，商君學派的哲學思想，與商鞅本人的政治品格和政治實踐如出一轍，充滿了無畏、挑戰和實幹的精神，在先秦哲學史上形成了獨特的思想風格，具有樸素的唯物精神和實用性、鬥爭性等鮮明特徵。

4、《商君書》對秦及戰國的影響

　　《商君書》雖出商鞅後學編纂而成，但該書的基本素材，部分是商鞅執政時的文件，部分應是商鞅本人留下的文稿，故可以肯定地說，該書集中反映了商鞅的基本思想，就其內容來說，可視爲商鞅變法的宣言和實錄。「縱觀商君學說，有創作之精神，言今不言古，言人不言天，言刑法不言仁義，言武力不言文教，盡舉舊有之道德而排斥之。」〔註51〕從秦史上看，「商君治秦，法令至行，公平無私，罰不諱強大，賞不私親近，法及太子，黥劓其傅。」〔註52〕「秦行商君法而富強。」〔註53〕「兵動而地廣，兵休而國富，故秦無敵於天下。」〔註54〕「商君死，……秦法未敗也。」〔註55〕《商君書》的基本精神，在秦國可謂深入人心，對秦在政治、經濟、軍事諸方面的發展產生過至關重

〔註49〕　參看《管子·禁藏》。
〔註50〕　《商君書·錯法》。
〔註51〕　朱師轍《商君書解詁定本·胡樸安序》，北京，古籍出版社，1956。
〔註52〕　《戰國策·秦策一》，繆文遠等譯注本，北京，中華書局，2012。
〔註53〕　《韓非子·和氏》，《新編諸子集成》收王先慎《韓非子集解》本，北京，中華書局，1998。
〔註54〕　《史記·范睢蔡澤列傳》。
〔註55〕　《韓非子·定法》。

要的影響。

　　韓非所述「藏商、管之法者家有之」，雖有誇張的成份，畢竟說明法家思想在當時社會有著相當的影響力。縱觀整個戰國時期，在諸子百家中政治實踐最爲成功的當屬法家，而在法家中既有理論造詣又能創建顯赫政績者，則首推商鞅。因此，商鞅變法和《商君書》不僅在秦產生巨大的效應，即在整個戰國社會，也應泛爲人知。以農爲本的基本國策、土地私有制度的確立、專制主義中央集權制度的建立、以法治國理念的形成等重大成果，都因商鞅變法的成功而廣爲傳播，爲山東六國在不同程度上所仿傚和推廣，從而爲秦日後建立統一的專制主義中央集權制度在政治上和經濟上奠定了堅實的基礎。「商君無疑是最典型的法家，後世主法治者無不以商鞅爲宗。」〔註56〕

5、關於商學

　　所謂「商學」，當指商鞅學術思想的流傳以及與商鞅同時代人及後人對商鞅所創思想理論的整理、研究成果（誠然也包含對商鞅生平事跡的記載和研究）。由於商鞅作爲政治家其精力主要投放在變法圖強的功業上，也由於他重實輕文、功利主義的價值取向，故與其它一些學派的宗師迥然不同的是，商鞅不曾在學術方面開宗立派，招收門人弟子，聚眾講學。然而，無心插柳柳成蔭，商鞅在政治實踐過程中創作的制度、律令、重要文書等，卻客觀上留下了頗有分量的思想文化遺產。戰國中後期，「秦婦人嬰兒皆言商君之法，莫言大王之法。」〔註57〕韓非就曾說「今境內之民皆言治，藏商、管之法者家有之。」〔註58〕這裏的「商君之法」，既指商鞅主持制定的法律、政策等政治成果，也包含了商鞅所研究、傳播的法治思想學說。對此，鄭良樹先生稱爲「商法」和「商學」而分論之，〔註59〕其實它們二者往往是交匯的，「法」中有「學」，「學」中有「法」。近代學者容肇祖認爲，韓非所作《五蠹》裏提到：「今境內之民皆言治，藏商、管之法者家有之；……境內皆言兵，藏孫、吳之書者家有之。」文中的「商、管之法」既與「孫、吳之書」對應，「商君之法」便當指「商君之書」即商鞅富國強兵學說的載體。〔註60〕

〔註56〕 張林祥：《〈商君書〉的成書與思想研究》，第 126 頁，北京，人民出版社，2008。
〔註57〕 《戰國策・秦策一》。
〔註58〕 《韓非子・五蠹》。
〔註59〕 見鄭著《商鞅評傳》第八章至第十一章，南京，南京大學出版社，2011。
〔註60〕 參看容肇祖：《商君書考證》，載《燕京學報》第 21 期，1937。

對商鞅及其思想理論的記載、整理和研究，大而言之可分爲歷代王朝、民國和中華人民共和國三個時期。

歷代王朝分爲兩個階段，第一階段自商鞅身後到兩漢，記載其生平及言論的有《荀子》、《韓非子》、《戰國策》、《呂氏春秋》、《淮南子》、《史記》、《漢書》、《新序》、《鹽鐵論》等等；記載之餘，間有評價，較詳者如《史記・商君列傳》、《鹽鐵論》等。第二階段從兩晉到清代，學者研究的關注點放在考證商鞅其人（唐代司馬貞的《史記索隱》有對商鞅生平事跡的考證和對商鞅變法的評價）其作（主要是考證《商君書》的眞僞）。宋代黃震開始質疑《商君書》的眞僞：「《商子》者，公孫商鞅之書也。始於墾草、督民耕戰。其文瑣碎不可以句。至今開卷於千載之下，猶爲心目紊亂，況當時身被其禍者乎……或疑鞅爲法吏之有才者，其書不應煩亂若此，眞僞殆未可知。」〔註61〕自此起，幾乎無人再相信該書爲商鞅親著，此風到清代而登峰造極，四庫館臣根據《商君書》開篇即稱孝公之諡，斷定其成於孝公身後，而孝公死後「鞅即逃死不暇，安得著書？」由此得出「殆法家者流掇鞅餘論以成是篇」〔註62〕的結論。

清末戊戌變法以來，商鞅及《商君書》開始受到重視和研究。章太炎在公開於 1898 年的《商鞅》一文中極力爲商鞅全面翻案，名噪一時，重啓了對商鞅研究的重視。孟麥華更直稱商鞅爲「法學巨子，政治家之雄」，〔註63〕推崇至極。民國時期，隨著對商鞅的重新評價，《商君書》漸次引起重視，許多學者紛紛加入考證商鞅生平事跡及《商君書》眞僞的行列，產生了重要的成果。朱師轍的《商君書解詁》以清代口碑較好的嚴可均校本爲主，綜合參考明代以來各家刻本，自稱「稽其同異，正其謬誤」，「博採古籍，爲之注釋」。〔註64〕陳啓天的《商鞅評傳》（商務印書館 1935 年版）是研究商鞅生平事跡及思想的專著，用力甚多。郭沫若則在 1945 年初版的《十批判書》「前期法家的批判」一章中設有專節論述商鞅。這一時期，關於《商君書》的眞僞，除極個別人如呂思勉肯定《商君書》並非僞撰之外，其餘各家的觀點可大致分爲兩類，多數學者持完全僞託說，如胡適、錢穆、容肇祖、齊思和、郭沫

〔註61〕黃震：《黃氏日抄》卷五五，《讀諸子一》。
〔註62〕紀昀等：《欽定四庫全書總目》卷一百零一，《子部十一・法家類・商子》。
〔註63〕孟麥華：《商鞅評傳》，見《諸子集成》收《商君書校》本（影印本）附錄，上海，上海書店出版社，1986。
〔註64〕朱師轍：《商君書解詁定本・自序》。

若、傅斯年、蔣伯潛、黃雲眉、楊向奎、楊寬等均繫（其中胡適的《中國哲
學史（卷上）》不但認定《商君書》爲僞書，還認爲「商君是一個實行的政治
家，沒有法理學的書」，不配稱爲「法家」）；少數人則持部分僞託說，如陳啓
天等。

到了當代即中華人民共和國成立以後，第一階段從 1949 年到 1966 年，
如同其它歷史課題一樣，學者多嘗試在馬列主義毛澤東思想指導下重新對商
學加以研究。第二階段從 1966 年到 1976 年，由於處於特殊的歷史時期，作
爲法家的代表人物，商鞅與韓非一樣，被作爲當時階級鬥爭、路線鬥爭的工
具，其思想理論被任意附會、畸形曲解。這一特殊階段中，高亨 1974 年在中
華書局出版的《商君書注譯》算是一特例，該書除了將高本人於 60 年初完成
的《商君書新箋》之成果融入《注譯》外，還收入了《商鞅與商君書略論》
和《商君書作者考》兩篇論文，全書基本可視爲嚴肅的學術著作。第三階段
從 1979 年撥亂反正至今，重新進入正常的學術研究軌道，研究的範圍、領域
拓寬了，研究的質量、深度也有了長足的進步，出現不少有分量、有特色的
新成果（該時期臺港地區對商鞅暨《商君書》的研究概況，可參看本書「緒
論」部分）。

二、韓非（《韓非子》）思想理論概述

1、《韓非子》的成書

《韓非子》集法家思想之大成，是法家最最重要的著作。與《商君書》
一樣，《韓非子》也是以論文集的形式出現的。《史記・老莊申韓列傳》載：

> （韓）非觀往者得失之變，故作《孤憤》、《五蠹》、《內外儲》、
> 《說林》、《說難》十餘萬言。……人或傳其書至秦。秦王見《孤憤》、
> 《五蠹》之書，曰：「嗟乎，寡人得見此人與之遊，死不恨矣！」李
> 斯曰：「此韓非之所著書也。」秦因急攻韓。韓王……乃遣非使秦。

由此可知，韓非於公元前 234 年出使秦國前，其所撰論文尚未編成集子，
只是以散篇的形式在社會上流傳。韓非在秦國呆了約一年，於公元前 233 年
遇害。這一年中，他有否將著述集結成書，史料未見記載。現代有學者認爲，
「入秦之後，韓非的處境很窘迫，內心很惶遽，不可能有從容的時間和安定
的心情自編文集。」〔註65〕此論雖非鑿鑿有據，但有一定的道理，設能成立，

〔註65〕周勳初：《〈韓非子〉札記》，第 13 頁，南京，江蘇人民出版社，1980。

則《韓非子》一書的輯成，當在漢代。《漢書・藝文志》在諸子略法家下著錄「《韓子》五十五篇」，與今本（足本）相合。不少學者都認爲，西漢末年的劉向，極有可能是五十五篇本《韓子》的編定者。〔註66〕

關於《韓非子》的書名，在歷史上有過插曲。如上所述，它在成書時，是稱爲《韓子》的，並一直沿用至隋唐五代。到了宋代，人們往往尊稱韓愈爲「韓子」，爲了避免混淆，有人就改稱《韓子》爲《韓非子》，並爲此後的多數人所接受和使用。

關於《韓非子》諸篇的作者，自宋代起便爭執不休，尤其到了近、現代，更是沸沸揚揚，將《韓非子》的眞僞樹爲一椿公案。最激烈者莫如胡適，他認爲「《韓非子》十分之中，僅有一二分可靠，其餘都是加入的。」胡氏認定，《韓非子》中只有《顯學》、《五蠹》、《定法》、《難勢》、《詭使》、《六反》、《問辯》七篇是可靠的，其餘皆非原本。〔註67〕但近年來，陳奇猷、張覺等學者於此用功甚多，對上述質疑進行了全面的批駁，認爲《韓非子》五十五篇中，除了《初見秦》、《存韓》、《難四》、《難勢》、《人主》、《制分》等少數幾篇的部分或全部確實可疑或尚需愼重對待之外，其餘的篇章都不宜輕易否定它們是韓非所作。〔註68〕現學術界對這一觀點較爲認同，各種新出的《韓非子》譯本以及研究《韓非子》的著述，大都將《韓非子》基本視爲韓非本人自著。

2、《韓非子》的主要內容

《韓非子》也是一部政治理論著作，但與《商君書》相比，它氣勢恢宏，博大精深，內容更豐富，理論思維更深刻。這部集法家之大成並對先秦諸子有所整合的巨作，有以下一些基本內容：

第一，法、術、勢三位一體的理論。

法、術、勢思想是早、中期法家智慧的結晶，由韓非集成而熔於一爐，是韓非思想的核心部分，同時也是展現法家鮮明特徵、使法家區別於先秦其它學派的一面旗幟。

〔註66〕對此也有不同説法，如清代《四庫全書・子部・法家類・韓子・提要》認爲《韓子》是韓非弟子所編；1992年由貴州人民出版社出版的《韓非子全譯》的作者張覺則認爲《韓子》是秦滅韓後至李斯被殺前由秦的御史編定的（張在2013年由知識產權出版社出版的新作《韓非子考論》一書中，仍堅持了這一觀點）。

〔註67〕參看胡適：《中國哲學史大綱（卷上）》，第324頁。

〔註68〕參看陳奇猷、張覺：《韓非子導讀》，第78至79頁，成都，巴蜀書社，1990。

在韓非之前，法、術、勢思想的代表人物分別是商鞅、申不害和慎到，他們各強調其中的一個方面。韓非則認為三者是不可分離的整體，但「以法為本」。〔註 69〕通常所說韓非「集法家之大成」，正是指其綜合上述三者的長處，將之融為一個整體，使法家文化在戰國末年登峰造極的這一大手筆。

對於法、術、勢的內涵，韓非闡述得相當清楚：

> 法者，編著之圖籍，設之於官府，而布之於百姓也。（《韓非子‧難三》，本章以下凡引《韓非子》均略去書名而只列篇名）

> 法者，憲令著於官府，賞罰必於民心，賞存乎慎法，而罰加乎姦令者也。（《定法》）

> 術者，因任而授官，循名而責實，操殺生之柄，課群臣之能者也。（《定法》）

> 術者，藏之於胸中，以偶眾端而潛御群臣者也。（《難三》）

> 萬乘之主，千乘之君，所以制天下而徵諸侯者以其威勢也。威勢者，人主之筋力也。（《人主》）

對於法、術、勢各自的特徵、作用及法與術、勢的辯證關係，韓非的認識也非常深刻：

> 人主之大物，非法則術也。……法莫如顯，而術不欲見。（《難三》）

> 君無術則弊於上，臣無法則亂於下，此不可一無，皆帝王之具也。（《定法》）

> 君執柄以處勢，故令行禁止。柄者，生殺之制也；勢者，勝眾之資也。（《八經》）

商、申、慎分別偏重於法、術、勢，韓非在繼承其精華的同時，也指出了他們的不足：

> 問者曰：「徒術而無法，徒法而無術，其不可何哉？」對曰：「申不害……不擅其法，不一其憲令，則姦多。故託萬乘之勁韓，七十年而不至於霸王者，雖用術於上，法不勤飾於官之患也。公孫鞅之治秦也……其國富而兵強。……然而無術以知姦，則以其富強也資人臣而已矣。……故乘強秦之資，數十年而不至於帝王者，法不（顧

〔註 69〕《韓非子‧飾邪》。

廣圻按：「不」當爲「雖」。據王先愼《韓非子集解》本）勤飾於官，主無術於上之患也。」（《定法》）

　　問者曰：「主用申子之術，而官行商君之法，可乎？」對曰：「申子未盡於法也（顧廣圻按：當云「申子未盡於術，商君未盡於法也」。據王先愼《韓非子集解》本）。……故曰：二子之於法術，皆未盡善也。」（《定法》）

　　《愼子》曰：「……賢智未足以服衆，而勢位足以屈賢者也。」應《愼子》曰（主張「賢勢並治」的「客」對愼子勢治學說的責難——筆者注）：「……（略）」。復應之曰（韓非本人以「法勢並治說」對以上兩種觀點的糾偏——筆者注）：「其人以勢爲足恃以治官；客曰『必待賢乃治』，則不然矣。……勢必於自然，則無爲言於勢矣。吾所爲言勢者，言人之所設也。……抱法處勢則治，背法處勢則亂。」（《難勢》）

　　綜上所述，韓非對法、術、勢的理論進行了綜合和提升，使其互爲依託，互爲作用，融爲一體，建構起系統的法家政治理論體系，空前絕後地將法家的這面旗幟插到了巔峰。

　　第二，爲君之道。

　　同商鞅一樣，韓非也對爲君之道作了精心的研究。不同的是，韓非是一個絕對君權主義者，在其著作中用了大量的篇幅去鼓吹君主絕對權威的建立和君主對權術的運用。

　　與《管子》、《商君書》的君臣觀如出一轍，《韓非子》也認爲君是君，臣是臣，「君臣不同道。」〔註70〕「道」本是韓非從老子那裏借用過來的哲學名詞，是「萬物之始，是非之紀。」〔註71〕在這裏則指爲君的原則和要領，所謂「（君主）以道爲常，以法爲本。」〔註72〕

　　韓非認爲「道無雙，故曰一。是故明君貴獨道之容。」〔註73〕即說，君主要唯我獨尊，高高在上，處處與臣不同。對於君主的這種「獨道」，《韓非子》一書中不乏「精彩」的論述：

〔註70〕《韓非子・揚權》。
〔註71〕《韓非子・主道》。
〔註72〕《韓非子・飾邪》。
〔註73〕《韓非子・揚權》。

　　　　道在不可見，用在不可知；虛靜無事，以暗見疵。見而不見，
聞而不聞，知而不知。……函掩其迹，匿其端，下不能原；去其智，
絕其能，下不能意。保吾所以往而稽同之，謹執其柄而固握之。……
大不可量，深不可測，……人主……獨擅……。(《主道》)

　　　　君無見其所欲，……無見其所意……。去好去惡，臣乃見素；
去舊去智，臣乃自備。故有智而不以慮，使萬物知其處；有賢而不
以行，觀臣下之所因；有勇而不以怒，使群臣盡其武。是故去智而
有明，去賢而有功，去勇而有強。……故曰：寂乎其無位而處，漻
乎莫得其所。明君無爲於上，群臣竦懼乎下。明君之道，使智者盡
其慮，而君因以斷事，故君不窮於智；賢者勅其材，君因而任之，
故君不窮於能；有功則君有其賢，有過則臣任其罪，故君不窮於名。
是故不賢而爲賢者師，不智而爲智者正。臣有其勞，君有其成功，
此之謂賢主之經也。(《主道》)

　　　　主道者，使人臣前言不復於後，後言不復於前，事雖有功，必
伏其罪，謂之任下。(《南面》)

　　　　主道者，使人臣必有言之責，又有不言之責。言無端末，辯無
所驗者，此言之責也；以不言避責持重位者，此不言之責也。人主
使人臣言者必知其端以責其實，不言者必問其取捨以爲之責，則人
臣莫敢妄言矣，又不敢默言矣，言、默皆有責也。(《南面》)

可見，韓非極爲重視君道即君主的絕對權威和君主的御臣術，並想出了很多
門道和辦法，奉獻給君主。他在這一課題上獨特、深邃的見解，譽之者認爲
其「燭弊深切……迄今覽其遺文，推迹當日國勢，苟不先以非之言，殆亦無
可爲治者。」〔註74〕「今讀其書，上下數千年，古今事變，姦臣世主隱微伏
匿，下至委巷貧閭婦女嬰兒人情曲折，不啻隔垣而洞五臟。」〔註75〕毀之者
則將之視爲「惡夫異端，」〔註76〕「不仁之至矣。」〔註77〕認爲「韓非的文

〔註74〕 王先謙：《韓非子集解·序》。
〔註75〕 陳深：《韓子迂評序》，陳奇猷《韓非子新校注》本，第 1230 至 1231 頁，上
　　　　海，上海古籍出版社，2000。
〔註76〕 蘇軾：《韓非論》，《蘇軾文集》(第一冊第四卷)本。
〔註77〕 揚雄：《揚子法言·問道》，莊大鈞等校點《新語·新書·揚子法言》本，瀋
　　　　陽，遼寧教育出版社，1998。

章……是一種法西斯的理論，讀起來很不愉快。」〔註78〕

3、《韓非子》的哲學思想

在法家的代表人物中，韓非的哲學思想最爲豐富，他揚棄了老子的哲學思想，將法家的政治理論上陞到哲學思維的高度，先秦諸子經常使用的一些哲學概念和範疇，如仁、義、禮，道、德、理等，《韓非子》中都有闡述和發揮。

第一，唯物主義自然觀。

《韓非子》有《解老》、《喻老》兩篇，內中批判地吸取了老子天道自然的思想，對「道」、「理」、「德」等哲學範疇，在解釋《老子》原意的基礎上作了進一步的發揮。

> 道者，萬物之所然也，萬理之所稽也。理者，成物之文也；道者，萬物之所以成也。（《解老》）

> 德者，內也……德者，得身也。凡德者，以無爲集，以無欲成，以不思安，以不用固。（《解老》）

需特別指出的是，在我國古代，《韓非子》是最早提出「理」這一範疇的。對於「道」和「理」的關係，韓非的闡述大致可理解爲現代哲學上所說的普遍性和特殊性的關係：

> 道，理之者也。物有理，不可以相薄（不會互相侵擾——筆者注）……萬物各異理，而道盡稽萬物之理。（《解老》）

> 凡理者，方圓、短長、粗靡、堅脆之分也。故理定而後可得道也。（《解老》）

第二，樸素的辯證法。

《韓非子》中的辯證法思想，最著名的是「矛盾」概念的提出：

> 楚人有鬻楯與矛者，譽之曰：『吾楯之堅，莫能陷也。』又譽其矛曰：『吾矛之利，於物無不陷也。』或曰：『以子之矛陷子之楯何如？』其人弗能應也。夫不可陷之楯與無可陷之矛，不可同世而立。（《難一》）

但韓非對矛盾的認識和解決，往往只關注其對立的一面，而較少看到其同一的另一面：

〔註78〕郭沫若：《十批判書·後記》。

夫冰炭不同器而久，寒暑不兼時而至，雜反之學不兩立而治。
（《顯學》）

智法之士與當塗之人，不可兩存之仇也。（《孤憤》）

法術之士與當途之臣，不相容也。……勢不兩立。（《人主》）

不過，如果就此認為韓非只強調對立面的不可調和，而對矛盾雙方在一定條件下也可互相轉化的現象完全視而不見，則有失偏頗。如他在論及國家之安危時，曾舉例說明對立面有時是可以相反相成、發生轉化的：

聞古扁鵲之治病也，以刀刺骨；聖人之救危國也，以忠拂耳。刺骨，故小痛在體而長利在身；拂耳，故小逆在心而久福在國。故甚病之人利在忍痛，猛毅之君以福拂耳。（《安危》）

第三，進化的歷史觀。

韓非將此前人類社會的發展史分為上古、中古和近古三個階段：

上古之世，人民少而禽獸眾，人民不勝禽獸蟲蛇，有聖人作，構木為巢以避群害，而民悅之，使王天下，號之曰有巢氏。民食果蓏蚌蛤，腥臊惡臭而傷腹胃，民多疾病，有聖人作，鑽燧取火以化腥臊，而民悅之，使王天下，號之曰燧人氏。中古之世，天下大水，而鯀、禹決瀆。近古之世，桀、紂暴亂，而湯、武征伐。（《五蠹》）

他認為歷史是不斷變化發展的，並且是不會倒退的：

今有構木鑽燧於夏后氏之世者，必為鯀、禹笑矣。有決瀆於殷、周之世者，必為湯、武笑矣。然則今有美堯、舜、湯、武、禹之道於當今之世者，必為新聖笑矣。是以聖人不期修古，不法常可，論世之事，因為之備。（《五蠹》）

所以，隨著時代的變遷，政治制度也要因時而變，這就是法家主張的變法。

第四，鬥爭哲學。

「鬥爭」一詞，最早見於《韓非子》：

漆雕之議，不色撓，不目逃，行曲則違於臧獲，行直則怒於諸侯，世主以為廉而禮之。宋榮子之議，設不鬥爭，取不隨仇，不羞囹圄，見侮不辱，世主以為寬而禮之。（《顯學》）

好利、性惡的人性論，是法家哲學思想和政治理論的基礎。商鞅認為，「民

生則計利，死則慮名」；「民之生，度而取長，稱而取重，權而索利」。〔註79〕韓非則進一步認為，人皆自私自利，人與人之間沒有信任可言，只有互相算計，互相爭鬥，所謂「以妻之近與子之親而猶不可信，則其餘無可信者矣。」〔註80〕如是，其矛盾論與性惡論相結合，乃形成強烈的鬥爭意識：

> 當今爭於氣力。（《五蠹》）

> 上下一日百戰。（《揚權》）

這種鬥爭哲學，在階級鬥爭和政治鬥爭異常激烈的戰國時代，對現實政治頗具指導作用，因之能得到秦王政等強者的青睞。

4、《韓非子》對「顯學」的批判

韓非所處的時代，「世之顯學，儒、墨也。」〔註81〕儒、墨兩家的政治思想和治國理論與法家大相徑庭，主張「以法為教」〔註82〕的韓非要推行和實現自己的政治理想，必需在宣傳法家思想的同時，將兩門顯學作為「愚誣之學」、〔註83〕「亂國之俗」〔註84〕批倒，以法家取代儒、墨在社會上的地位和影響。

韓非對儒、墨的批判，相對集中在兩個方面。

第一是在歷史觀上，否定儒、墨對先王之道的讚揚，主張政治措施應適應變化著的社會情況：

> 今世儒者之說人主，不善今之所以為治，而語已治之功；不審官法之事，不察姦邪之情，而皆道上古之傳譽、先王之成功。有度之主不受也。（《顯學》）

> 聖人不期修古，不法常可，論世之事，因為之備。（《五蠹》）

> 夫古今異俗，新故異備。如欲以寬緩之政，治急世之民，猶無轡策而御駻馬，此不知之患也。今儒、墨皆稱「先王兼愛天下」……見愛而未必治也。（《五蠹》）

第二是在治國的指導思想方面，韓非批判了儒、墨宣揚的仁義道德，認

〔註79〕《商君書・算地》。
〔註80〕《韓非子・備內》。
〔註81〕《韓非子・顯學》。
〔註82〕《韓非子・五蠹》。
〔註83〕《韓非子・顯學》。
〔註84〕《韓非子・五蠹》。

爲在「爭於氣力」的現實社會，只有施行「以法治國」的方針，才能富國強
兵：

> 言先王之仁義，無益於治。(《顯學》)
>
> 德厚之不足以止亂也。不務德而務法。(《顯學》)
>
> 明法者強，慢法者弱。(《飾邪》)

5、《韓非子》對時人和時政的影響

韓非著述的初衷，是用以影響韓國的政治，祈望推動本國的改革，但他
的理論在本國無人問津，卻爲他國所青睞。秦王政看到流傳入秦的韓非著述
後，十分賞識，相見恨晚，以武力逼迫韓國將韓非送往秦國。韓非抵秦後，
從理論上爲秦王政提供了統一天下、統治臣民的方略和手段，並主導了日後
秦朝統治思想和秦始皇統治術的形成。因此，韓非及其著述對時人和時政的
影響，集中反映在秦始皇及其統一大業上，故有「韓非之學，實在是有秦一
代的官學」〔註85〕之說，並有學者認爲「在一定意義上，這位精通『南面君
天下之術』的大學者也可以算作秦始皇的王霸之佐」。〔註86〕那麼，韓非學說
的推崇者和實踐者秦始皇，主要在哪些方面受到了韓非的直接影響呢？

第一，在以法治國方面，韓非明確地提出：「法者，王之本。」〔註87〕他
認爲君主必須「以道爲常，以法爲本。」〔註88〕從而爲秦國確立了「以法爲
教，以吏爲師」〔註89〕的原則。秦始皇對此推崇備至，在施政中任刑法而斥
禮教，將秦打造成一個屬行法治的王朝，其本朝群臣頌揚「皇帝臨位，作制
明法，臣下修飭。……治道運行，諸產得宜，皆有法式。」本朝的儒生和西
漢的賢良、文學則批評秦始皇「專任獄吏，獄吏得親幸。……上樂以刑殺爲
威。」〔註90〕「秦法繁於秋荼，而網密於凝脂。」〔註91〕史家則稱秦始皇「剛
毅戾深，事皆決於法，刻削毋仁恩和義。」〔註92〕「繁法嚴刑而天下振」、「禁

〔註85〕郭沫若：《十批判書·韓非子的批判》，第408頁。

〔註86〕張分田：《秦始皇傳》，第114頁，北京，人民出版社，2003。

〔註87〕《韓非子·心度》。

〔註88〕《韓非子·飾邪》。

〔註89〕《韓非子·五蠹》。

〔註90〕均見《史記·秦始皇本紀》。

〔註91〕桓寬：《鹽鐵論·刑德》，王貞瑉《鹽鐵論譯注》本，長春，吉林文史出版社，
　　　　1995。

〔註92〕《史記·秦始皇本紀》。

暴誅亂而天下服。」〔註 93〕以上無論褒貶，均一致反映出深受韓非影響的秦始皇對法治的鍾愛。

第二，在專制主義中央集權方面，韓非主張「事在四方，要在中央，聖人執要，四方來效，」將中央集權與專制獨裁結合起來，爲新建的政體模式即以皇帝專制爲核心的中央集權制提供了理論基礎。秦朝建立後，秦始皇信奉韓非的「明君貴獨道之容，」〔註 94〕將權力高度集中在一人手裏，「天下之事無小大皆決於上。」〔註 95〕在中央建立皇權支配下的「三公九卿」制，在地方進一步推行郡縣制以防止諸侯割據，全國分爲三十六郡，郡下設縣，縣下設鄉，形成以中央爲最高權力機構的金字塔形的行政區劃。借用董仲舒的說法，秦朝專制主義中央集權政治制度的建立，既是「師申、商之法」（商鞅變法以來秦國中央集權制的進一步演變發展），又是「行韓非之說」（韓非君主專制獨裁理論的實際運用）。〔註 96〕

6、關於韓學

與商學相仿，韓學的定義常爲「韓非子學術思想的流傳及歷代對韓非及其著述的研究、詮釋和傳播」。韓非子的學說，是「理論素養很高」的「中國古代最重要的政治教科書之一」，〔註 97〕在中國思想史上有著十分重要的地位。對韓非思想理論的記載和研究，從他在世時即已開始，然而，與法家的歷史命運相關聯，除秦朝統一前後短暫的特殊歷史時期外，韓學是進入近現代之後才眞正受到重視並逐步興旺起來的。

最早對韓非學說關注、研究和藉重的，是與韓非同時期的秦國（秦朝）最高統治者。與韓非師出同門的李斯，向秦王嬴政引薦了韓非，後者的政治智慧，迅即吸引了秦最高層的眼球而爲其所用。論者認爲：「秦國雖殺非，然甚重韓非之書，二世與李斯，皆屢引韓子曰，可爲證明。」〔註 98〕確實，在《史記·秦始皇本紀》、《史記·李斯列傳》等文獻中，屢屢可見秦君臣在議論朝政時引用韓非的論述，說明他們對韓非的理論高度關注，時常討論，頗有心得。韓非其人雖因李斯的讒言而終未成爲秦王的股肱之臣，甚至在秦國

〔註 93〕　《漢書·刑法志》，《二十五史》本，上海，上海古籍出版社、上海書店，1986。
〔註 94〕　均見《韓非子·揚權》。
〔註 95〕　《史記·秦始皇本紀》。
〔註 96〕　《漢書·董仲舒傳》。
〔註 97〕　張分田：《秦始皇傳》，第 116 頁.。
〔註 98〕　陳直：《史記新證》，第 121 頁，天津，天津古籍出版社，1979。

死於非命，但他的一整套理論卻進一步光大了業已注入商鞅所遺法家精神的秦文化，強化了秦的統治思想和政治方略，最後奠定了秦王朝執政的理論基礎，為秦的統一天下建立了功勳，也為統一之後秦朝的短命而亡種下了禍根。

《韓非子》一書的編纂和傳播，按張覺先生的說法，最早也應歸功於青睞韓非理論的秦。戰國末年，「人或傳其書至秦，秦王見《孤憤》、《五蠹》之書」。〔註99〕其時韓非的著作已在世上流傳，但秦王所見，顯非傳於後世的全本《韓非子》，只是其中一些篇章而已，《韓非子》一書，是在韓非身後才編定的。如前文所述，一般都認為全書是西漢末的劉向所編定，但對《韓非子》的研究用力甚多、著述頗富的張覺先生在其新著《韓非子考論》中，堅持上世紀九十年代在《韓非子全譯》（貴州人民出版社 1992 年版）中的觀點，認為「《韓非子》應是秦滅韓後至李斯被殺前（公元前230年至公元前208年之間）秦朝主管圖書檔案的御史編定的。」〔註100〕張著對此所論甚詳，言之有理，較為可信。

在漢代，最早系統研究韓非及其著述的是司馬遷，他一方面將韓非的學術思想概括為「本於黃、老」的「刑名法術之學」，另一方面又指出其理論風格是「引繩墨，切事情，明是非，其極慘礉少恩」。〔註101〕出於眾所週知的原因，漢代對法家的思想理論普遍是排斥的，因而漢儒對商鞅、韓非們也總是帶著儒家的有色眼鏡去批判的，評價極低。如淮南王劉安組織諸儒方士編寫的《淮南子》就譏諷韓非的學說「重法而棄義，是貴其冠履而忘其頭足也。」乃「掇取之權，一切之術也，非治之大本、事之恒常、可博聞而世傳者也」。〔註102〕這樣的偏狹之詞，實不如司馬遷的見地來得公允、貼切。但在司馬遷之後即西漢以降，普遍對韓非的思想理論長期排斥，則是不爭的事實。

關於秦漢以降對《韓非子》的研究，鄭良樹先生在《諸子著作年代考》一書中專設「《韓非子》研究的回顧」一章，簡要介紹了自南北朝至清代一千多年間韓學主流的發展，並從關於韓非（《韓非子》）「其人其書之評介及考訂」、「注釋」、「整理及考訂」、「思想研究」、「出版」等幾個方面討論了 20 世紀以來韓學的成績。〔註103〕張覺先生在其力作《韓非子考論》中對此也有專

〔註99〕《史記・老莊申韓列傳》。
〔註100〕張覺：《韓非子考論》，第21至26頁，北京，知識產權出版社，2013。
〔註101〕均見《史記・老莊申韓列傳》。
〔註102〕均見《淮南子・泰族》。
〔註103〕參看鄭良樹：《諸子著作年代考》，第240至251頁。

節介紹。張著以歷代時間順序爲經，以研究對象（內容）和研究方法爲緯，從文本校釋、思想研究、文學研究、史學研究、生平事跡研究、編集流傳研究、眞僞考辨、語詞索引、韓學研究等方面，全面勾勒了二千多年來韓學發展的基本脈絡，是目前同類著作中對韓學研究的把握最系統、最完整的。筆者在對張著充分認同的基礎上，以下僅就韓學學術層面的幾個問題再略作展開。

第一，關於「韓學」（「韓非子學」）概念的明確提出。

雖然對韓非子及其思想的關注和研究可追溯到秦朝建立前後，迄今已有二千多年，但「韓學」的形成及這一概念的明確提出，則是二十世紀初中華民國建立以後的事，距今不足百年。民國時期，注釋、研究韓非子的論著空前增加、成批出版，僅專著就有謝无量的《韓非》（中華書局 1916 年版），尹桐陽的《韓子新釋》（武昌曇華林工業傳習所 1919 年版），唐敬杲的《韓非子選注》（商務印書館 1934 年版），劉文典的《三餘札記‧韓非子簡端記》（商務印書館 1928 年版），容肇祖的《韓非子考證》（商務印書館 1936 版），葉玉麟的《白話譯解韓非子》（上海廣益書局 1937 年版），陳啓天的《韓非子校釋》（中華書局 1940 年版）和《韓非子參考書輯要》（中華書局 1945 版，後收入臺灣商務印書館 1969 年出版的《增訂韓非子校釋》），曹謙的《韓非法治論》（中華書局 1948 年版）等等。學術論文也有姜文梁的《韓非子法的哲學》（1926 年載《哲學月刊》第一卷第 1 期），馬元材的《韓非之經濟學說》（1930 年載《法學季刊》第一卷第 3 號），蘇哲的《韓非政治法律思想》（1933 年載《光華大學半月刊》第一卷第 9 期），陳漢欽的《韓非的社會思想》（1934 年載《新社會科學季刊》第一卷第 2 期）、馮振的《韓非子論略》（1935 年載《國專月刊》第二卷第 2 至 3 期），陳千鈞的《韓非子書考》（1935 年載《學術世界》第一卷第 1 期）、《韓非新傳》（1935 年載《學術世界》第一卷第 2 期，上海書店 1986 年影印世界書局本《諸子集成》第五冊將該文附錄收入）、《韓非之政治學說》（1935 年載《學術世界》第一卷第 5、6 期）和《韓非子之文學》（1936 年載《學術世界》第一卷第 9、10 期）等多篇，陳啓天的《韓非及其政治學》（1940 年載《國論》復刊第一卷第 5~15 號，繼之先後收入《韓非子參考書輯要》、《增訂韓非子校釋》），楊榮春的《韓非論法及其教育觀》（1948 年載《中華教育界》復刊第二卷第 7 期）等等。在此熱烈的研究氛圍下，陳千鈞乃率先亮出「韓學」的旗號，並發表了《歷代韓學述評》（1936 年載《學術世界》

第一卷第 9、10 期）一文。繼之，陳啓天也在《韓非子參考書輯要》中提出「韓非之學」和「《韓非子》之學」的稱謂。〔註104〕及至當代，陸續有學人在著述中專章乃至專書論述「韓學」，如上文所述鄭良樹所撰《〈韓非子〉研究的回顧》，認爲北魏劉昞「是迄今所知最早注解《韓非子》的學者，也是『韓學』的始建者」。〔註105〕宋紅兵所著《韓非子政治思想再研究》（中國人民大學出版社 2010 年版）的第一章即爲《古今「韓非學」研究述評》，從「韓非子研究的總體情況」、「有關韓非子思想的學術爭論」等方面作了介紹和分析。楊義的《韓非子還原》（中華書局 1911 年版）專節介紹了「韓學轉換爲秦學的悲喜劇」。張覺《韓非子考論》（知識產權出版社 2013 年版）第五章中有「韓學研究」的專題介紹，他將韓學研究定義爲「對《韓非子》研究的研究」。彭鴻程更是出版了《秦漢韓非子學研究》的專著（嶽麓書社 2014 年版），他認爲狹義的韓非子學僅僅指韓非子學術思想的研究，廣義則還包括韓非子學術思想的研究、接受、批評與傳播（該書取其廣義論之）。至此，「韓學」不僅在稱謂上已爲學界所接受，並且開始進入了系統、專題的研究，有望吸引更多的研究者加入其中。

第二，關於韓學的學術創新。

宋洪兵在《韓非子政治思想再研究》一書中指出，古今學界已在「韓非學」上取得了豐碩的成果，古今「韓非學」涉及領域之廣、持續時間之長、研究課題之深，對當前韓非子相關研究提出了嚴峻挑戰。「因此，如何在既有的前人研究基礎之上實現理論超越和學術創新，克服學界在韓非子研究方面『無話可說』或『有話重複說』的局面，將『韓非學』的相關研究引向深入，確實是當前需要誠實面對並亟待解決的一個學術話題。」〔註106〕

與宋說迥異，張覺並不認爲在此領域已顯現「無話可說」或「有話重複說」的窘態，他覺得「《韓非子》的研究課題是十分豐富的，有不少新的領域可以去開拓，還有很多問題值得進一步加以探討」，諸如語言研究、思想研究、文學研究以及史學、版本目錄、韓學研究等多個方面。〔註107〕正是基於這樣

〔註104〕陳啓天：《增訂韓非子校釋》附錄《韓非子參考書輯要》，第 906 頁，臺灣，商務印書館，1969。
〔註105〕鄭良樹：《諸子著作年代考》，第 240 頁。
〔註106〕宋紅兵：《韓非子政治思想再研究》，第 25 頁，北京，中國人民大學出版社，2010。
〔註107〕詳見張覺：《韓非子考論》，第 225 至 227 頁。

的認識，張氏近三十年來，和《韓非子》「相依爲命」，〔註108〕孜孜不倦地研究它，並取得了以《韓非子校疏析論》、《韓非子導讀》、《韓非子考論》爲代表作的令人矚目的系列成果。

筆者認爲，近數十年來尤其是近十餘年來在韓學這一領域中，如本書「緒論」中所介紹，參與研究的新銳逐年增加，新人新作不斷湧現，從歷史的長河來看，目下的韓學研究尙如一隻潛力股，正處於方興未艾的階段，還有很大的開拓空間。

第三，關於韓學的學術地位。

雖然「清亡至今，《韓非子》研究盛況空前」，〔註109〕但對比起孔學、老學等熱門領域，還是遠遠無法相提並論。誠然，在中國思想史的地位，韓非確乎不能與孔子、老子比肩，但平心而論，實際反差似也太大了。筆者認爲，要改變這種局面，一有賴於研究者努力，共同將韓學推陳出新，提高其研究質量，增強其學術影響；二有賴於中國社會民主法制建設的推進，讓社會和學界進一步重視法家研究在歷史上和現實中的作用，從而大幅提升其在諸子學中的地位。

第二節　法家的歷史命運

在先秦諸子百家中，法家學派的命運最爲飄忽不定，其代表人物的結局也最令人扼腕，他們爲後世留下了豐富的思想文化遺產和實踐經驗教訓，也給後人留下了寬闊的思考空間和談論話題。

一、法家的成與敗

1、法家與秦一榮俱榮，一損俱損

論者認爲：「秦王朝施行高度集權的專制統治，其思想文化方面的政策有獨具一格的特色。而秦的政治風格與戰國時期東方六國最大的差別，就是推行了法家政策。」〔註110〕法家的盛與衰、成與敗、榮與辱，均與秦的興亡緊密相連。從李悝開始，中經商鞅等，最後到韓非，法家學派及其理論，在戰國中、後期及秦朝曾幸運地成爲時代的寵兒，得到統治者的青睞（極盛時幾

〔註108〕張覺：《韓非子考論·後記》。
〔註109〕張覺：《韓非子考論》，第 199 頁。
〔註110〕王子今：《秦漢社會意識研究》，第 196 頁，北京，商務印書館，2012。

乎獨尊於秦），主導了這一歷史時期的演變發展。法家弘揚的精神（其精髓是法治思想和耕戰政策指引下的尚武、尚功精神），也成為秦文化的主流——好武尚力，崇尚軍功，「勇於公戰，怯於私鬥」。〔註111〕然而，過猶不及，物極則反，儘管在法家理論指導下實施變法改革、推行霸王之道取得巨大成功之慣性作用下，秦得以完成霸業，統一中國，可一旦法家的集大成者韓非將法家的理論絕對化，法家理論最大的實踐者秦始皇將法家政治極端化，其惡果就迅即顯現出來。既「為秦開帝業」，也「為秦致亡道」，〔註112〕西漢賢良、文學對商鞅的這一評價，（後半句）對於商鞅個人來說並不客觀和公允，因為商鞅的理論及實踐對秦的富強和崛起功不可沒，然與秦朝的短命而亡則沒有必然的聯繫，不負直接的責任。但若這句評語用於整個法家學派尤其是韓非和李斯，倒頗為貼切。「申韓之學自李斯致用之後，其法令、名實諸旨漸已成為實用之治術。」〔註113〕由於受韓非、李斯的影響至深，秦始皇鍾愛法家，將中央集權、君主獨斷、法為政本的理念貫徹到實際政治中，建立起統一的專制主義中央集權封建帝國，豐功偉業到達了頂峰。同樣是受韓非、李斯的影響，秦始皇樂以刑殺為威，將法家重刑主義的偏弊發揮到極致，成為暴虐君王，導致了秦的二世而亡。從商鞅到韓非，法家的命運與秦的命運可謂緊密相連，秦的敗亡同時注定了法家的衰落，將暴秦的滅亡完全歸罪於法家，誠然有失公允，但法家隨著秦的覆滅不得不就此退出封建意識形態的主流、官方學說的寶座，卻是不爭的史實。〔註114〕故論者普遍形成了這樣的共識：「……秦漢以後，雖間有法家之言，終不能預於顯學之列，足與儒家相抗衡。」〔註115〕

2、法家學派政治實踐的成功與法家傑出代表的悲壯結局

從戰國歷史來看，在諸子百家中，法家與現實政治的關係最為密切，其思想理論最受統治者的青睞，其政治實踐也最為成功。從李悝、吳起到商鞅、申不害，都進入了一國的政治核心，成為當時的政治明星，是變法的倡導者、

〔註111〕《史記·商君列傳》。
〔註112〕《鹽鐵論·非鞅》。
〔註113〕蕭公權：《中國政治思想史·緒論》，第7頁。
〔註114〕也有學者倒因為果，認為「與其說法家學派隨著秦王朝的滅亡而消失，倒不如說秦王朝成了法家思想的殉葬品。」（見蘇南：《法家文化面面觀》，第17頁）
〔註115〕蕭公權：《中國政治思想史·緒論》，第8頁。

設計者和領導者。韓非在秦國也深受賞識，曾讓驕橫的秦王政驚歎「嗟乎，寡人得見此人與之遊，死不恨矣。」〔註 116〕就整體而言，法家在政治上的待遇是同期儒、墨、道等其它學派所望塵莫及的。

然而，比照秦朝敗亡以前法家學派政治實踐的成功，法家一些著名的代表人物，其個人命運卻每每以悲劇告終。吳起在楚國慘遭肢解，商鞅在秦國受車裂之刑，韓非也在秦國死於非命。筆者以爲，造成這種悲劇主要是因爲他們在政治實踐中自我保護意識不強，策略不當：

第一，在性惡論的指導下，嚴而少恩，樹敵太衆，難以自保。

法家認爲，好利惡害、趨利避害是人固有的本性：「夫安利者就之，危害者去之，此人之情也。」〔註 117〕在持性惡論的前提下，法家力主「不務德而務法。」〔註 118〕提出信賞必罰，其中尤爲推崇輕罪重罰即重刑主義。商鞅主張「治國刑多而賞少」，「去姦之本，莫深於嚴刑」；〔註 119〕「禁姦止過，莫若重刑。」〔註 120〕韓非也認爲「明主峭其法而嚴其刑」；〔註 121〕「上設重刑者而姦盡止。」〔註 122〕法術之士憑藉君士之勢亦裸裸地施行暴力鎮壓的對象，除了廣大民衆以外也包括貴族和臣子，所謂「峭法盛刑，以虐戾爲俗……刑公族以立威，無恩於百姓，」〔註 123〕「大臣苦法而細民惡治」，〔註 124〕久而久之，必然陷入「人與之爲怨，家與之爲仇」〔註 125〕的孤立境地。一旦失去君王的寵信，也就牆倒衆人推，地位乃至性命都難以保全。如商鞅之不能善終，其大刀闊斧開展變法，觸犯了權貴的既得利益而遭到後者報復固然是重要原因，但與他自恃立公去私、任法釋情並有秦孝公的支持而片面地實行酷政，在爲秦國帶來富強的同時也給人民帶來了苦難，樹敵太衆，失去人心等，應該說也有密切的關係。

第二，忽略伴君策略，自身成爲君主專制的犧牲品。

〔註 116〕《史記·老莊申韓列傳》。
〔註 117〕《韓非子·姦劫弑臣》。
〔註 118〕《韓非子·顯學》。
〔註 119〕均見《商君書·開塞》。
〔註 120〕《商君書·賞刑》。
〔註 121〕《韓非子·五蠹》。
〔註 122〕《韓非子·六反》。
〔註 123〕《鹽鐵論·非鞅》。
〔註 124〕《韓非子·和氏》。
〔註 125〕《鹽鐵論·非鞅》。

如前所述，商鞅和韓非都十分重視君道即君主的絕對權威和君主的御臣之術，是君主獨裁的鼓吹者和設計師。他們在煞費苦心研究爲君之道的同時，也曾研究爲臣之道，但研究的重心依然落在爲君道服務，即站在君主的立場，要求臣下「北面委質，無有二心」；〔註126〕「卑身以事君，有功則歸利於上，有過則臣任其罪」；〔註127〕不要私下收取民心，不要結成「朋黨」，〔註128〕不要抱有野心；等等。對於在君主專制下臣子以何策略去規避君主的威勢以明哲保身，他們卻甚少思考，因而作繭自縛，反受害於君主的淫威。明代學者胡應麟曾對此現象有一評述：「余讀韓非書……太史悲其作《說難》，而卒自罹於禍。……即微斯、賈之譖，秦用非以取天下而相之，亦必不免，商君、吳起是已，夫又何疑焉。」〔註129〕韓非本人在《韓非子·說難》中點破的「陰用其言顯棄其身」，正是其「爲《說難》而不能自脫」〔註130〕悲劇的形象寫照。

二、法家的顯與隱

法家在戰國時代的政治變革中風頭最勁，其思想理論對秦的崛起及霸業終成最具指導意義，隨著秦的統一天下，法家及其理論也登峰造極，成爲官學而顯赫於世。

曾幾何時，伴隨暴秦的速亡，法家的聲望隨即跌落到谷底，爲時人所詬病，黯然退出了政治前臺，將官學的寶座「讓」予儒家（漢代「獨尊儒術」前過渡階段的官學是黃老之學）。然而，漢代以降，法家作爲原有的學術流派和政治集團雖然已不復存在，但其影響猶存，一直在隱性地發揮作用，主要體現在以下幾個方面：

1、封建社會基本政治制度的影子框架

在法家理論指導下建立起來的秦朝，對後世影響最大的是政治制度和政體模式，史稱其「製作政治，施於後王」〔註131〕——從中央到地方行政建制的基本框架和運作方式，都如形似影般伴隨著漢代及以後歷朝歷代，爲後來

〔註126〕《韓非子·有度》。
〔註127〕《韓非子·主道》。
〔註128〕《韓非子·說疑》。
〔註129〕胡應麟：《少室山房筆叢》卷二七，《九流緒論上》，北京，中華書局，1958。
〔註130〕《史記·老莊申韓列傳》。
〔註131〕《史記·秦始皇本紀》。

者所因襲不替,近代譚嗣同所云「二千年來之政,秦政也」,〔註132〕最爲貼切,眾皆認同,無庸贅述。

2、隱性影響著後世法治精神的流傳及法律制度的建設

先秦法家「緣法而治」〔註133〕、「名刑相當,循繩墨」〔註134〕的法治思想,以及在法家理論指導下制定、頒行的《秦律》,在秦朝之後仍發揮潛在的作用。漢代以降封建法治思想和法律制度的建設,是在法家基本法治精神及秦律的基礎上,將「禮治」與「法治」相結合,實現儒學的「法典化」及法律的「儒家化」,質言之,西漢「獨尊儒術」之後,封建正統法律思想、法律制度的確立和發展,法家的思想遺產一直在內中隱性地發揮重要的作用。

3、激勵後人實施變法,除舊布新

戰國時期,法家李悝、吳起、商鞅、申不害等的變法理論和實踐,爲後人留下了順應潮流、勇於改革、除舊布新的精神財富。後世一些傑出的思想家和政治家雖然並未公開亮出法家的旗號,實際上卻是以法家前輩爲榜樣,不畏艱險,立意變法。北宋王安石提出「天變不足畏,祖宗不足法,人言不足恤」的變法宣言及「有司議罪,唯當守法」〔註135〕的理念,明代張居正提出「法在必行,姦無所赦」〔註136〕的主張,等等,都從法家那裏繼承了改革的精神、法治的理論和變法的經驗教訓,將之與現實政治相結合,較爲成功地開展了針對時弊的變法。

三、秦後法家的發展變化

伴隨秦的覆亡而退出政治和學術前臺的法家,其身影在漢代以降仍依稀可見。誠然,作爲一個完整意義上的學派,法家已終止了學理上的發展,在思想理論方面再也沒出現過具有重大建樹的傳承者。雖則如此,從古代到近代,還是零零散散地有人在研究法家思想或繼續實踐法家理論。如張分田所說,「(秦以後)公開張揚法家旗幟的人寥若星辰,而讀它、評它,從中汲取

〔註132〕譚嗣同:《仁學·二十九》,北京,華夏出版社,2002。
〔註133〕《商君書·君臣》。
〔註134〕《韓非子·詭使》。
〔註135〕均見《宋史·王安石傳》,《二十五史》本,上海,上海古籍出版社、上海書店,1986。
〔註136〕《張文忠公全集·書牘六·答憲長周友山言弭盜非全在不欲》,《四部備要》本。

政治智慧的政治家、思想家卻不勝枚舉。」﹝註137﹞在政治家中，西漢的汲黯、晁錯、桑弘羊，三國的曹操、諸葛亮，前秦的王猛，北周的蘇綽，宋代的包拯、王安石，明代的朱元璋、張居正，等等，都是法治理論的推崇者，試圖以法家的思想去治世。在思想家（學者）中，東漢的王符、崔寔、荀悅，魏晉的劉廙、劉邵、葛洪，唐代的柳宗元、李翱，南宋的葉適，元代的何犿，明代的趙用賢、陳深、門無子，清代的王先謙、俞樾，近代的章太炎、梁啓超、沈家本、麥孟華、楊鴻烈，等等，都認同法家的法治理論或部分吸納了法家的思想，在自己的論著中不同程度地流露出對商鞅或韓非的褒揚。

近年來，徐祥民博士研究了秦後法家的走向，將其分爲漢初的刑名法家、漢中期以後主要發達於宋明的治獄法家、唐代及其以後的考訂法家、清代的注釋法家四種類型，並特別說明：「（這裏）所說的秦後法家就是自秦滅亡之後一直到清朝末年這段歷史上被史家列入法家的那些人物和著作。秦後法家主要不是學術思想發展延續的結果，而是史家按照法家的某種特徵或近似於法家的某種特徵梳理文獻而形成的著作門類。」﹝註138﹞徐的這種研究無疑有益於對法家研究的深入和細化，但在筆者看來，如此分類只能在一定程度上反映出秦後（兩漢以降）對法家文獻整理和研究的學術軌跡，而未能將法家在秦後發展變化的主線勾勒出來。筆者始終認爲，秦後法家變化的主線是：自西漢開始「獨尊儒術」之後，法家轉而由顯到隱繼續在政治、法律領域發揮作用，且其走勢是平穩而持久的——雖然法家作爲學術流派消失後沒有東山再起，作爲政治派別失勢後也沒有捲土重來，但其與秦政結合留下的遺產（統治思想、基本政法制度、權力運作手段）在與儒家的思想理論合流後，卻一直在封建社會中發揮潛在的作用，爲歷代統治者所不棄。一言以蔽之，變就變在由臺前退到了臺後、由顯性發揮作用到隱性發揮作用。上文羅列的一批政治家和思想家（學者）的言和行（認識和實踐），是依稀散落在這一漫長主線上的某些特殊的點，他們的表現及作用，並不能改變漢代以降陽儒陰法的主要格局。

﹝註137﹞張分田：《秦始皇傳》，第 116 頁。
﹝註138﹞徐祥民：《秦後法家及其發展變遷》，載《社會科學戰線》2002 年第 6 期。

第二章　論先秦法家之不入顯學——
兼論先秦道家等的不入顯學

　　在中國古代傳統文化的研究中，法家思想研究歷來是較薄弱的一環。從歷史上看，在先秦諸子百家中，無論從學術上還是政治上，法家都是顯赫的一家，可與儒、墨、道三家並稱「顯學」。但由於秦漢之際的政治變故，漢代以降，後世對法家的研究，遠遠不及儒家和道家。這　現象，既與自漢至清二千來年裏意識形態主流的變化發展相吻合，也與法家思想理論一直隱形在後臺發揮重要作用的實際情況不對稱。

　　如前所述，「秦漢以後，雖間有法家之言，終不能預於顯學之列，足與儒家相抗衡。」[註1]自西漢過秦批法以來，法家作為一個獨立的學派，便退出了思想領域的中心，並終止了本學派在理論上的發展。漢代以降，儒學在學術界佔據了絕對的統治地位。此外，玄學、道家思想、佛學等在一定的歷史時期內也有相當的地位或影響。但法家則一蹶不振，理論上再沒出現新的承傳者，對其潛心研究的學者也寥若晨星。北宋時期，歐陽修、蘇軾等曾對法家商鞅、韓非等有專門論述，然而都是拾人牙慧，落入漢儒的偏狹窠臼。元明清時期，涉足商學、韓學的學者比此前略有增多，但也只是在注解、詮釋法家的代表作方面下了些工夫，將法家作為一個學派去系統研究的人，仍是鳳毛麟角。

　　回首看去，最早提出法家的名謂並將其作為一個學術流派加以研究的，當屬西漢司馬談、司馬遷父子。在《論六家之要指》中，司馬氏以寥寥數語

〔註 1〕蕭公權：《中國政治思想史‧緒論》，第 8 頁。

將法家的特徵勾勒爲「嚴而少恩」，〔註 2〕由此定下了歷代學者評價法家的不刊之論。這一時期，伴隨漢儒對秦政的批評，學人對法家的研究多戴著有色眼鏡，充滿了政治的色彩，沖淡了學術的成分。即名儒如董仲舒、賈誼等，在論及法家時，也往往只簡單停留在與暴秦直接掛鈎的感性認識階段，而遠未能深入到學術層面去解剖和分析法家的思想理論。換言之，漢儒那「過秦——批法」的定式，爲此後法家的研究設定了圭臬，故從漢代到清代的二千來年中，對法家商、韓等的研究，或流於膚淺，或落入俗套，鮮見有亮點。

如本文第一章所述，及至近、現代，由於社會形態的更替和時代的變遷，對法家的研究，無論在學術思想的創新、研究思路的開拓、研究層次的深化、研究課題的開闢和研究方法的革新等方面，都迥異於古代而新意迭出，突破了以往法家盡討人嫌的藩籬。誠然，也仍有人對法家極其反感，如郭沫若就認爲：「韓非子的文章如《五蠹》、《顯學》之類，完全是一種法西斯式的理論，讀起來很不愉快。」〔註3〕但與秦漢以降的二千來年（準確地說，是西漢始元年間桑弘羊在漢昭帝召開的鹽鐵會議上與賢良文學辯論以來）幾乎只有一種聲音相比，情形已有很大的改變。

到了當代，隨著政治風雲的變幻，中國大陸對法家的研究和評價可謂幾經曲折，直到「文革」結束，研究才逐步回到正軌上來，並在廣度和深度上有了新的拓展。尤其是二十世紀九十年代以來，伴隨中國法制建設的進步，研究者對法家的興趣比前濃厚，發掘的課題也比前更有深度，研究成果的數量明顯增加，質量也大幅提升。同期，臺港學人對法家研究傾注的熱情，則更值得稱道，他們取得的可觀成果，是該時期臺港在中國文化熱中所取得的豐碩成果的一部分。

然而，同期對中國古代思想文化的研究，熱點首先是儒家，其次是道家，與此二者相比，法家畢竟不屬受青睞者之列。由於相對來說，全力投入的人較少，團隊力量薄弱，因而，對法家的研究也就顯得氛圍不足、缺乏群體性和系統性。從不同的視角來看，則可以說，法家研究的可塑性還相當大，留有不小的空間，可供後來者發掘。

筆者在學習和研究中發現，關於法家的研究和評介，尚有不少空白點有待填寫，有一些疑點不曾解決。這些學術上的空白和存疑，激發了筆者考究

〔註 2〕《史記·太史公自序》。
〔註 3〕郭沫若：《十批判書·後記》。

的興趣和熱情，在本書第二、三、四章中，將對其中一些問題作不揣淺陋之
「新探」。

第一節　先秦顯學的產生

一、「顯學」的提出及其內涵

「世之顯學，儒、墨也」。〔註4〕在中國學術史上，最早專題研究「顯學」
課題的，是戰國中後期的韓非，其研究的對象是儒、墨兩家。但最早論及「顯
學」概念的，卻是《韓非子·外儲說左上》中記載的「楚王謂田鳩曰：『墨子
者，顯學也』」。《呂氏春秋·首時》載：「墨者有田鳩欲見秦惠王，留秦三年
而弗得見。客有言之於楚王者，往見楚王，楚王說之，與將軍之節以如秦，
至，因見秦王。」墨家學者田鳩入秦受到秦惠王冷遇，轉投楚國，被賞識墨
學的楚王（當爲威王或懷王）封爲將軍並遣其出使秦國，才得以與秦惠王見
面。秦惠王在位時間是公元前 337 年至公元前 311 年，韓非在世時間約爲公元
前 280 年至公元前 233 年，按上述記載，楚王讚譽「墨子，顯學也」的年代，
當早於韓非寫作《顯學》篇近百年。

顯學，顧名思義當指著名的學說、學派。〔註5〕筆者以爲，作爲顯學，當
具有如下內涵和特徵：

首先，顯學主要是從學術層面上來定義的。「學術」一詞，本於《史記》：
「申不害者，京人也，故鄭之賤臣。學術以干諸侯。」〔註6〕「始嘗與蘇秦
俱事鬼谷先生，學術，蘇秦自以不及張儀。」〔註7〕其原意爲學習治國之術，
又引申爲治國之術。而我們今日所講的學術，主要是賦予其文化學的意義而
不是從純政治學的角度去理解的，換言之，它指的已是廣義的學術，即各學
派、各學者通過對各個領域的研究得出的觀點和提出的學說。明代李贄提到
的「……各自成家，則各各有一定之學術，各各有必至之事功。……墨子之
學術貴儉……商子之學術貴法，申子之學術貴術，韓非子兼貴法、術……。」

〔註4〕《韓非子·顯學》。
〔註5〕後世也有人自此義將「顯學」引申爲著名的學者，如清代方苞的「若（歐陽）
　　　　修與（胡）宏者，皆世所稱顯學之儒，而智不足以及此。」（見方苞：《讀周
　　　　官》，《方望溪先生全集》卷一，《四部備要》本）。
〔註6〕《史記·老莊申韓列傳》。
〔註7〕《史記·張儀列傳》。

〔註 8〕其所言學術與我們今天所指幾無二致。

我們認爲，屬於學術範疇的概念之「顯學」，從學術層面上去定義，它的含義是「著名的學說、學派」。韓非的「顯學」，應更多是在這一意義上提出的。

其次，顯學雖名揚天下，但未必是官方意識形態的主流。某一顯學，雖然在歷史上很有名氣，卻不一定是當時社會中官方意識形態的主流，換言之，它雖然在學術界名聲顯赫，其思想理論在整個社會也有著莫大的影響，卻不一定能備受當時統治階級的青睞。戰國時期的儒、墨兩家，均屬此列，故後世有「孔丘、墨翟欲行大道於世而不成，既足以成顯名矣」之說。〔註 9〕

再次，既是顯學，必定廣開學路，生徒眾多。作爲顯學，通常擁有一名乃至多名學術大師，以這些大師爲中心，才能形成赫赫有名的大學派，他們一般都開設講壇，廣收弟子。從先秦的文獻看，顯學的光大和傳承是通過私人自由講學來實現的，其生徒往往遍於天下。如孔子和墨子兩位大師，雖「無爵位以顯人，無賞祿以利人，」但仍「從屬彌眾，弟子彌豐，充滿天下，」其「後學顯榮於天下者眾矣，不可勝數。」〔註 10〕

二、儒墨道法當爲先秦時期實至名歸的顯學

在諸子蜂起、百家爭鳴的春秋戰國時期，各個學派既獨樹一幟、分庭抗禮，又見仁見智，和平共處。但既是爭鳴，在各抒己見的同時，勢必各不相讓，在論辯中以己之矛，攻彼之盾，在非議他方中達到弘揚本學派學說和樹立本學派地位的目的，如「世之學老子者則絀儒學，儒學亦絀老子」〔註 11〕的社會現象，就是《呂氏春秋》中說到的「相非」。〔註 12〕

關於諸子的異同和相非，莊子認爲：「百家之學，時或稱而道之。天下大亂，聖賢不明，道德不一。天下多得一察焉以自好。譬如耳目鼻口，皆有所明，不能相通。猶百家眾技也，皆有所長，時有所用。……百家往而不反，

〔註 8〕李贄：《焚書》，卷五，《讀史·孔明爲後主寫申韓管子六韜》，長沙，嶽麓書社，1990。
〔註 9〕《呂氏春秋·諭大》，陳奇猷《呂氏春秋新校釋》本，上海，上海古籍出版社，2002。
〔註 10〕均見《呂氏春秋·當染》。
〔註 11〕《史記·老莊申韓列傳》
〔註 12〕《呂氏春秋·安死》曰：「故反以相非，反以相是。其所非方其所是也，其所是方其所非也。是非未定，而喜怒鬥爭，反爲用矣。」

必不合矣！」〔註13〕「故有儒墨之是非，以是其所非而非其所是。」〔註14〕

在「相非」方面，莊子、荀子等都有個人的見識和分析。

莊子在《天下》中，分別評點了墨家學派、宋鈃和尹文學派、田駢和慎到學派、施惠為首的名家學派以及道家自身的鼻祖老聃、關尹學派。莊子對道家以外的各家均有褒有貶，其特點是以道家為準繩，去度量和評價各學派在學術上的長和短。

荀子在著名的《非十二子》中，持批判的態度評論了墨、道、名、法的學說，指出了各派的不足。尤為可貴的是，荀子在總體推崇儒家學派，充分肯定孔子的思想之同時，還批評了同為儒家體系的子思、孟子等人，其「相非」的膽識和開闊的學術視野，令人欽佩。

在爭鳴和相非的過程中，有的學派脫穎而出，並在周遊列國、發表政見中擴大本派的影響。從知名度和影響力來看，當時名列前茅的有儒、墨、道、法、縱橫五家。〔註15〕五家之中，縱橫家只是出於迎合現實政治和調整國與國之間外交關係的需要曇花一現而已，從學術上來說，該學派造詣畢竟有限。故諸子百家中，真正同時具備以下幾個條件，即對中國古代傳統文化的形成和發展起到至關重要的作用，有眾皆認可的口碑；能夠留下充足且較為可靠的典籍千古流傳；在中國學術發展史上居於領銜地位、直至當代仍被學界作為重點研究對象的，是儒墨道法四家。

先說儒家。儒家的鼻祖是孔子，《禮記‧中庸》曰：「仲尼祖述堯舜，憲章文武。」孔子尊崇堯舜禹等上古聖王，又將周代開國的文王和武王作為治世的典範，把這些聖賢都納入自家的道統，建立起以仁、禮為核心範疇的周孔之學。正由於歷史起點高，理論基礎厚，借助的上古思想文化源遠流長，推崇的政治理想又腳踏實地，儒家乃從創立伊始就具有特別的優勢，加上有孔子這樣的思想巨人作為領軍人物，因之早早就成為了春秋時期思想文化的顯赫學派。

孔子之後，「儒分為八」，「有子張之儒，有子思之儒，有顏氏之儒，有孟氏之儒，有漆雕氏之儒，有仲良氏之儒，有孫氏之儒，有樂正氏之儒。」

〔註13〕《莊子‧天下》，《新編諸子集成》收郭慶藩《莊子集釋》本（第2版），北京，中華書局，2004。
〔註14〕《莊子‧齊物論》。
〔註15〕學界有人認為：「實際上，以當日政治發展及天下局勢而言，法家及縱橫家才是天下的顯學。」（見鄭良樹：《諸子著作年代考》，第239頁）

〔註 16〕「八派對儒學均有發展，均應有著述問世。」〔註 17〕至戰國時期，「⋯⋯（齊國）威宣之際，孟子荀卿之列，咸遵夫子之業而潤色之，以學顯於當世。」〔註 18〕眾多流派的繁衍，孟子、荀子等大師級人物的繼往開來，使博大精深的儒學繼續發揚光大，成爲公認的顯學。

次說墨家。墨家的創始人墨翟「好學而博」，〔註 19〕其原本「學儒者之業，受孔子之術，以爲其禮煩擾而不說，厚葬靡財而貧民，（久）服傷生而害事，故背周道而用夏政」。〔註 20〕於是銳意創新，建立起新的學派。墨家不僅在學術上另樹一幟，其思想理論更是深奧精微，在其初創時期，即已提出了「節葬節喪非樂」、「非攻」、「兼愛利人」、「鬼監鬼罰、尊天事鬼」等等學說，〔註 21〕因之很快成爲顯赫的學派。故現代學者評之曰：「以墨學之深奧精微，實爲先秦思想之傑構，又是先秦思想不可缺少的組成部分，不曉墨學，亦不可知先秦思想之深蘊。」〔註 22〕

墨子故後，「墨離爲三」，「有相里氏之墨，有相夫氏之墨，有鄧陵氏之墨」。〔註 23〕「禽滑釐學於墨子，許犯學於禽滑釐，田係學於許犯。」〔註 24〕由此派系競相繁衍，後學相沿，信徒眾多。各派系「取捨相反不同，而皆自謂眞墨。」〔註 25〕即墨家內部各派別之間，互相稱對方爲「別墨」（墨家另類）——唯有本派別才是墨家正宗。然而，這種「眞墨」之爭，並沒有導致墨家的衰敗，反而在內部的「相非」和競爭中發展壯大。戰國時期，墨家一直十分活躍，其派系在不同諸侯國中各自尋求發展，如墨家巨子腹䵍在秦、墨家學

〔註 16〕 均見《韓非子・顯學》。
〔註 17〕 張立文主編：《聖境——儒學與中國文化》，第 6 頁，北京，人民出版社，2005。
〔註 18〕 《史記・儒林列傳》。
〔註 19〕 《莊子・天下》。
〔註 20〕 《淮南子・要略》，《新編諸子集成》收何寧《淮南子集釋》本，北京，中華書局，1998。（關於墨翟「背周道而用夏政」，學界另有不同觀點，可參看王錦民：「墨學源流考」，載王著《古學經子——十一朝學術史新證》，第 270 至 271 頁，北京，華夏出版社，1996。）
〔註 21〕 參看鄭傑文：《中國墨學通史》，第 4 至 24 頁，北京，人民出版社，2016。
〔註 22〕 王錦民：《古學經子——十一朝學術史新證》，第 275 頁。
〔註 23〕 均見《韓非子・顯學》。按《莊子・天下》曰：「相里勤之弟子五侯之徒，南方之墨者苦獲、已齒、鄧陵子之屬，俱誦《墨經》，而背譎不同，相謂別墨。」內中只提及相里氏、鄧陵氏兩派，沒有說到「相夫氏之墨」。
〔註 24〕 《呂氏春秋・當染》。
〔註 25〕 見《韓非子・顯學》，原文是：「故孔、墨之後，儒分爲八，墨離爲三，取捨相反不同，而皆自謂眞孔、墨，孔墨不可復生，將誰使定世之學乎？」

者田鳩在楚，均受禮遇。〔註26〕從前文所引楚王讚譽「墨子者，顯學也」到韓非寫作《顯學》篇，墨學的顯學地位長盛不衰，保持了百年之久。

綜上所述，分由孔子、墨子創立的儒、墨兩家，在諸子蜂起、百家爭鳴的時代中地位異常顯赫，論者對其的高度評價，絕非溢美之詞：「孔、墨，布衣之士也，萬乘之主，千乘之君，不能與之爭士也。」〔註27〕「孔丘、墨翟無地為君，無官為長，天下丈夫女子莫不延頸舉踵而願安利之。今大王，萬乘之主也，誠有其志，則四境之內皆得其利矣，其賢於孔、墨也遠矣。」〔註28〕

需稍加說明的是，戰國時期與儒、墨齊名的，還有楊朱學派。其時，孟子為了捍衛儒家道統，「以儒家的仁義為依據，對春秋戰國以來各種學派展開批判」，〔註29〕其中就對墨翟、楊朱的學說進行了激烈的抨擊。在批判中，孟子不得不承認楊、墨二家對當時的社會影響很大：「楊朱、墨翟之言盈天下，天下之言不歸楊，則歸墨。」〔註30〕是在社會輿論上與儒家分庭抗禮的學派：「逃墨必歸於楊，逃楊必歸於儒。……楊墨之道不息，孔子之道不著。」〔註31〕正因為痛感儒家思想的傳播受到「楊墨之道」的妨礙，孟子才針對楊氏「為我」、墨氏「兼愛」的思想主張進行駁難，以保衛和光大儒家的學說。

依上所引，楊朱學派既可在社會輿論上與儒、墨平起平坐，為何不曾被列為顯學呢？歸納學界在這一問題上的見地，有以下幾點：

第一，楊朱的言論事跡僅散見於《孟子》、《莊子》、《韓非子》、《呂氏春秋》等，而無著述傳世（即使曾有著述，然《漢書·藝文志》中已不見著錄，當早已亡佚），恐因史料不足，無從全面把握該學派的發展概況和思想體系，論者也就難以具體、全面去評價該學派並給予其準確的定位。

第二，學界一般都根據《莊子·應帝王》、《莊子·寓言》等篇章中所記楊子與老子的交集，將楊朱之言劃為戰國時期道家學派之一（但莊周對此並不認可，他力斥楊朱，並未將其歸入道家之中）。如王錦民先生在《墨子源流考》中說道：「儒、道、墨三家之爭論是戰國初期學術之重要事件，《孟子·盡心》云：『逃墨必歸於楊，逃楊必歸於儒。』《淮南子·氾論訓》云：『夫絃

〔註26〕分見《呂氏春秋·去私》、《呂氏春秋·首時》。
〔註27〕《呂氏春秋·不侵》。
〔註28〕《呂氏春秋·順說》。
〔註29〕任繼愈主編：《中國哲學發展史（先秦）》，第337頁，北京，人民出版社，1983。
〔註30〕《孟子·滕文公下》，楊伯峻《孟子譯注》本，北京，中華書局，1960。
〔註31〕《孟子·盡心下》。

歌鼓舞以爲樂，盤旋揖讓以修禮，厚葬久喪以送死，孔子之所立也，而墨子非之。兼愛、尙賢、右鬼、非命，墨子之所立也，而楊子非之。全性葆眞，不以物累形，楊子之所立也，而孟子非之。』所說三家之論辯與孟子所述相同。」﹝註32﹞顯而易見，王先生是將楊子歸入道家的。倘若道家不入先秦顯學，朱楊也就隨之不足道了。

第三，傅斯年先生認爲：「……儒墨皆爲傳統之學，而楊朱雖號爲言盈天下，其人猶在若有若無之間。」因爲「孟子謂楊墨之言盈天下，墨爲有組織之宗敎，楊乃一個人的思想家……蓋天下之自私自利者極多，而爲人者少，故楊朱不必作宣傳，而天下滔滔皆楊朱；墨宗則非宣傳不可。所以墨子之爲顯學，歷稱於孟莊荀韓呂劉司馬父子《七略》《漢志》，而楊朱則只孟子攻之，天下篇所不記，非十二子所不及，五蠹顯學所不括，《呂覽》《淮南》所不稱，六家九流所不列。」﹝註33﹞傅先生此論，亦頗具說服力。

同一時期，除儒家和墨家之外，是否應當還有其它學派可進入顯學之列呢？

關於先秦諸子百家中哪些學派可居於「顯學」之位，歷來見仁見智。西漢初年進入司馬談、司馬遷父子視野而被其特別提到的，有「陰陽、儒、墨、名、法、道德」六大學派。﹝註34﹞西漢末年的劉歆在《七略》中將「百家」分爲十個主要的派別，認爲「諸子十家，其可觀者，九家而已」。﹝註35﹞而現代著名歷史學家錢穆先生則只看重儒、墨兩家：「蓋囊括而言，先秦學派，不出兩流：其傾向於貴族化者曰『儒』，其傾向於平民化者曰『墨』。儒者偏重政治，墨者偏重民生。法家主慶賞刑罰，原於儒；道家言反樸無治，原於墨。」﹝註36﹞

以筆者在上文中給出的三個必要條件對照之，漢代史學家言及的名家、陰陽家、縱橫家、雜家、農家，似均不太符闔第一個條件即「對中國古代傳統文化的形成和發展起到至關重要的作用」和第三個條件即「在中國學術發

﹝註32﹞ 王錦民：《古學經子──十一朝學術史新證》，第 271 至 272 頁。

﹝註33﹞ 傅斯年：《傅斯年『戰國子家』與〈史記〉講義》第 15 頁，天津，天津古籍出版社，2007。

﹝註34﹞ 參看《史記·太史公自序》。

﹝註35﹞ 所謂「九家」，即儒、墨、名、法、道、陰陽、縱橫、雜、農，而將小說家排除在外，參看《漢書·藝文志》。

﹝註36﹞ 錢穆：《國學概論》，第 59 頁，北京，商務印書館新 1 版，1997。

展史上曾居於領銜地位，直至當代仍被學界作為重點研究對象」。而錢穆先生
僅僅因為法、道分別與儒、墨曾有淵源關係，就無視法家和道家的特立獨行、
另樹一幟，似也令人難以信服。所以，筆者認為，儒墨道法四家才堪稱顯學。
然而，中國學術史上最早專題研究「顯學」的韓非，卻僅將儒、墨兩家列為
顯學，這對於諸子學的研究來說，是一久存的疑團。首先，從春秋到戰國，
與儒、墨並駕齊驅的，還有道家，這是不爭之事實，韓非對道家頗有研究且
對其某些重要理論頗有認同，並非不知其分量，卻未將其列為顯學，令人困
惑不解；其次，韓非既是法家的集大成者，又是春秋戰國諸子之學的殿軍，
但在認可儒、墨二家為顯學（誠然，他對這兩門顯學是持嚴厲的批判態度的）
的同時，並未認為本學派已可與其平起平坐乃至將超越其學術地位。如此「自
謙」，出於什麼心理，也使人捉摸不透。

關於法家在先秦未能名列顯學這一問題，歷來鮮見有學者正面提出，但
問題是明擺在那裏的，若不揭開這個疑團，則法家的歷史地位和學術地位，
都會因此而蒙上一層陰影。

第二節　論先秦道家、法家之不入顯學

一、道家緣何不入顯學

在討論法家之前，我們先花點篇幅來解決道家緣何不入顯學的問題。

身為法家集大成者的韓非，與道家有著不解之緣。司馬遷在《史記》中
將老子與韓非列為一傳，認為「老子……莊子……申子……韓子……皆原於
道德之意，而老子深遠矣。」並特別強調韓非雖「喜刑名法術之學，」「而其
歸本於黃老。」〔註37〕韓非獨特的道家情結，集中反映在《韓非子》的《解
老》、《喻老》二篇，〔註38〕他「借《老子》之文發揮其法治理論，」〔註39〕
用心良苦又聰明至極。韓非是一位兼容性和批判性都很強的思想家，他對諸

〔註37〕均見《史記·老莊申韓列傳》。
〔註38〕關於《解老》、《喻老》是否為韓非所作，古今有幾種觀點，一認為是韓非所
　　　作，持此看法的有明代門無子、近現代章炳麟、當代陳奇猷等；二認為不是
　　　韓非所作，持此看法的有近現代容肇祖、陳啟天等人；三認為真偽參半，其
　　　典型代表是郭沫若，他別出心裁地認為《喻老》可能是韓非自作，而《解老》
　　　則非韓非手筆。
〔註39〕陳奇猷：《韓非子新校注·前言》。

子百家中的主要流派有著廣泛而較深入的研究。一方面，作爲法家集大成者和諸子百家的殿軍，他不但繼承了前期法家的基本理論，同時也不同程度地借鑒和吸納了道、儒、墨、兵、縱橫等家的某些思想，極大地豐富和充實了自己的理論體系；另一方面，作爲一個有著獨特個性和奇異思維的思想家，他又毫不留情地對各家各派的學說進行過嚴屬的批判和貶斥，即便對其法家前輩商、申、愼等，他也褒中有貶，指出了他們過分強調法、術、勢的某一方面之偏頗和局限。然而令人稱奇的是，既是理論家又是批評家的韓非，在其論著中，對老子不僅有譽無毀，甚至連微辭也難尋半句，由此足見韓非對老子的欽佩和推崇。但推崇之餘，卻未將以老子爲開山祖的道家列爲顯學，原因何在？

首先需從道家本身去找原因，說得更確切一點，要從老子的思想特點去找原因。

老子主張「復歸於樸」，其處世哲學是順其自然，「處無爲之事，行不言之教」；不爭功名，「不敢爲天下先」。這些思想，決定了該學派不事張揚、「大巧若拙，大辯若訥」，「大音希聲」的學術風格。〔註40〕這種內向的風格，在一定程度上抑制了該學派自我表現的欲望，也弱化了該學派在社會上的自我宣傳效應，故其在當時社會的認可度和知名度，遠不如在列國中奔走遊說、不遺餘力地宣揚本派思想的儒家和墨家。道家未能在先秦享有「顯學」的美譽，當與其自身的「性格」有一定的關係。

其次要從韓非對老子及其後學的不同態度去分析。

如前所述，韓非對老子十分推崇，他看重和藉重的是老子的哲學思想。所謂藉重，乃指「韓非僅取老子的法術，而不取老子的宗旨。」〔註41〕韓非在其論著中借用、改造和發展了老子「道」的思想，以此作爲法家政治思想的哲學基礎和理論依託，使原先較偏重於政治實踐的法家在理論上有所加強。因此，從思想感情和理論成就兩個方面來說，韓非對前期道家的老子及其思想是在心悅誠服的前提下吸收和借鑒的。抱著一種敬畏的心情，即使對老子柔弱無爲的宗旨不敢苟同，也避而不談，未作直接的批評。

〔註40〕 分見《老子》第 28 章、2 章、67 章、41 章、45 章，陳鼓應《老子注譯及評價》本，北京，中華書局，1984。

〔註41〕 范文瀾：《中國通史》第一冊，第 256 頁，北京，人民出版社，1978。對此，范著的說明是，主張剛強有力的韓非，並不採取老子柔弱無爲的宗旨。

對於老子以後的道家人物，韓非就不那麼客氣了。在其論著中，他對除老子之外的道家人物幾乎都有不敬之辭：「論有迂深閎大，非用也，故畏（魏牟）、震（長盧子）、瞻（瞻何）、車（陳駢，即田駢）、狀（莊周）皆鬼魅也。」〔註42〕與田駢、莊子等在思想上的隔閡，溢於言表。

韓非批評的「論有迂深閎大，非用也」，可從稷下道家的學說窺其一二。

設於齊都臨淄的稷下學宮，是中國最早的學術交流中心和政治咨詢中心。它創於齊桓公時期，在齊宣王時達到鼎盛。稷下學宮學士雲集，匯合了百家之學，但在其中起主流作用的，當推道家，故有「稷下道家」之稱。稷下道家的著述，多已散佚，其學說主要見於今存《管子》一書中的《心術》、《白心》、《內業》等篇，根據這些篇章我們大體可知，稷下道家繼承了老子的基本思想，但在政治學說方面卻與老子無爲而治的政治觀頗有出入，他們主張：「聖人裁物，不爲物使。心安是國安也，心治是國治也。……治心在於中，治言出於口，治事加於民。故功作而民從，則百姓治矣。」〔註43〕這種把治心作爲治國根本的思想，與儒家思孟學派以「正心」爲起點的「修身、齊家、治國、平天下」的政治理想有相似之處，而與主張「以法爲教」、崇尚暴力統治的法家格格不入，故韓非貶之曰「論有迂深閎大，非用也。」

二、韓非爲何不自稱法家爲顯學

現在言歸正傳，著重探討韓非何以不自稱法家爲顯學。

第一，法家學派內部結構鬆散，沒有形成師承關係。

就學派的產生和發展而言，從時間上來看，與儒、墨相比，法家較爲晚出、較遲形成。更重要的是，儒、墨、道學派有一共同特點，即有同一宗師，在學術上有師承關係。如前所述，韓非曾指出，儒家的創始人孔丘死後，「儒分爲八」，「有子張之儒，有子思之儒，有顏氏之儒，有孟氏之儒，有漆雕氏之儒，有仲良氏之儒，有孫氏之儒，有樂正氏之儒」；墨家的創立者墨翟死後，「墨離爲三」，「有相里氏之墨，有相夫氏之墨，有鄧陵氏之墨。」〔註44〕道家老、莊之間的傳承關係，更是顯而易見。而法家的先驅與後學間則沒有形成這種公認的師承關係，其重要人物和主要代表人物如李悝（曾師從儒家子

〔註42〕《韓非子‧外儲說左上》。
〔註43〕《管子‧心術下》。
〔註44〕均見《韓非子‧顯學》。

夏）、吳起（曾師從儒家曾申、子夏）、商鞅（曾學過儒術）、韓非（對道家鼻祖老聃推崇有加，又曾師從儒家大師荀況）等，都是先學習其它學派的學說，再推陳出新、自成一家。雖然如本書第一章所言，法家有以管仲（《管子》）爲旗幟的齊法家和以李悝、吳起、商鞅（《商君書》）、慎到、申不害、韓非（《韓非子》）、李斯等組成的晉秦法家，但其學派明顯具有內部結構鬆散，個體單幹多、整體合作少的特點，以致「品牌效應」也較差，社會知名度和影響力都大打折扣。

第二，早、中期法家較重社會政治實踐，理論研究成果相對較爲單薄。

法家是伴隨戰國時期的社會變革應運而生的一個學派，各國的政治、經濟改革，既是法家獨樹一幟的學術源泉，又是法家所創理論的實驗園地。從法家的先驅管仲、子產，到中期法家的代表人物李悝、吳起、申不害、商鞅等，都是著名的政治家和改革家。他們的思維熱點，多集中在當時的社會問題和政治實務中。雖然他們在思想理論上也有獨特的建樹，但「在朝」的法家當權派們，相對「在野」的儒、墨、道等學派的代表人物來說，對理論思維的投入畢竟要少一些，故在韓非之前，法家在理論建設方面確實略顯遜色，理論研究成果也相對較爲單薄。這是其未能進入顯學的因素之一。

第三，法家既是思想學派又是政治學派，功利性強，有悖於傳統學術。

法家既是思想學派，同時又是政治學派，其重要特徵之一，是注重實際而不尚空談。在中國學術史上，法家理論乃以實用見長，從其地位和影響來說，法家的價值首先體現於現實政治和社會生活，其次才體現於思想理論和學術領域。在韓非之前，法家的先驅和創立者，只有個別是屬於純學者型的（如慎到），其餘如前述之管仲、子產、李悝、吳起、商鞅、申不害等，都首先是政治活動家，其次才是思想理論家（在這一點上，與後來縱橫家的張儀、蘇秦等頗爲相似）。他們站在政治鬥爭的風口浪尖，時時處處關注著改革的成敗，精心呵護來之不易的改革成果，個人的進與退乃至生與死也與之息息相關，因之，都表現出重功利、輕理性和重經驗、輕空談的傾向。而從老子、孔子等大師起，中國的傳統學術從一開始就追求較爲抽象的「道」，所謂「儒家者流……於道爲最高。」〔註45〕著眼於思想的高度和深度，力圖以業已昇華的哲學理論高屋建瓴去指導現實政治和社會生活。顯學的載體既是學術，在學風上與傳統學術頗爲不合的法家，難以進入顯學之列，也就在情理之中

〔註45〕《漢書・藝文志》。

了。

　　第四，韓非對所謂的「顯學」持蔑視和批判態度，有不屑與之同伍的心理。

　　在韓非眼中，儒學和墨學雖位居顯學，卻謬誤多多，是「愚誣之學」，「無益於治」。〔註46〕乍看《韓非子・顯學》之篇名，若望文生義，恐會誤以爲韓非意在讚譽和推崇當時的顯學。殊不知，對社會公認的顯學，韓非卻另取極致，對其猛加抨擊，從哲學、政治學等方面對儒、墨作了系統的批判（以下引文未注出處者，均見《顯學》篇）。

　　在哲學上，韓非用唯物論的「參驗論」批判了儒、墨學說的空泛和虛僞，又以其所創的「矛盾律」，指出了當政者面對雜亂學說和矛盾言論、荒謬行爲的錯誤包容態度，旗幟鮮明地首次提出了「鬥爭」的概念：

　　　　無參驗而必之者，愚也；弗能必而據之者，誣也。

　　　　漆雕之議，不色撓，不目逃，行曲則違於臧獲，行直則怒於諸
　　　　侯，世主以爲廉而禮之。宋榮子之議，設不鬥爭，取不隨仇，不羞
　　　　囹圄，見侮不辱，世主以爲寬而禮之。夫是漆雕之廉，將非宋榮之
　　　　恕也；是宋榮之寬，將非漆雕之暴也。今寬、廉、恕、暴俱在二子，
　　　　人主兼而禮之。自愚誣之學、雜反之辭爭，而人主俱聽之。

　　在政治上，韓非根據其極力鼓吹的性惡論，批判了儒家空談仁義、主張以德治國的政治觀，針鋒相對地提出看重實力、強調功利、施行強權的法治主張：

　　　　今世儒者之說人主，不善今之所以爲治，而語已治之功；不審
　　　　官法之事，不察姦邪之情，而皆道上古之傳譽、先王之成功。儒者
　　　　皆飾辭曰：「聽吾言，則可以霸王。」此說者之巫祝，有度之主不受
　　　　也。故明主舉實事，去無用，不道仁義者故，不聽學者之言。

　　　　言先王之仁義，無益於治；明吾法度，必吾賞罰者，亦國之脂
　　　　澤粉黛也。故明主急其助而緩其頌，故不道仁義。

　　　　威勢之可以禁暴，而德厚之不足以止亂也。

　　　　爲治者用眾而捨寡，故不務德而務法。

　　在批判儒、墨的同時，韓非還批評了當時尊重儒、墨的社會現象：

〔註46〕《韓非子・顯學》。

藏書策，習談論，聚徒役，服文學而議說，世主必從而禮之。曰：「敬賢士，先王之道也。」夫吏之所稅，耕者也；而上之所養，學士也。耕者則重稅，學士則多賞，而索民之疾作而少言談，不可得也。

國平則養儒俠，難至則用介士。所養者非所用，所用者非所養，此所以亂也。

自愚誣之學、雜反之辭爭，而人主俱聽之，故海內之士，言無定術，行無常議。夫冰炭不同器而久，寒暑不兼時而至，雜反之學不兩立而治。今兼聽雜學繆行同異之辭，安得無亂乎？

由上可知，韓非對儒、墨之為顯學其實是不以為然的，對這兩門顯學之大不敬溢於言表。僅從《顯學》篇字裏行間反映出的對顯學的逆反心理，我們可大致揣測到，韓非因不屑與儒、墨為伍，故也不想將法家學派與「顯學」的稱號沾邊。

需說明的是，韓非曾受業於荀況，故其對儒、墨顯學的認識以及後來態度的轉變亦應有一個漸變的過程。在其作深入、獨立的研究和思考之前，對儒家的人物尚抱有敬意，如他在前期所作的《難言》中，就曾以讚譽之辭評價孔子等：「子胥善謀……仲尼善說……管夷吾實賢……此三大夫豈不賢哉？」

第五，在韓非眼中，商、申、慎在思想上分別側重於法、術、勢，各有其偏狹之處，難以成為完善的獨立體系，只有各采其長而集合之，才能成為大方之家，這也是前期法家在理論上還難以與儒、墨、道抗衡的原因之一。也許韓非正是痛感到這一點，才下決心集法家之大成，撰寫自己的宏篇巨作。

綜上所述，法家在先秦之不入顯學，首先與法家自身內部結構鬆散、崇尚功利、講求實用的學派特點息息相關，它導致法家的理論體系在韓非寫作《韓非子》之前未臻完善，〔註47〕因之在學術地位方面難以與儒、墨抗衡；其次，韓非本人不屑與儒、墨同伍的孤傲心理，也是法家遠離顯學的原因之一。

〔註47〕《韓非子・定法》曾批評「申子未盡於術，商子未盡於法」（參看王先慎《韓非子集解》本引顧廣圻注），「二子之於法術皆未盡善也」。

第三章　申韓之術與商韓之法辨析

　　申韓之術和商韓之法，是法家研究中的兩個重要概念。關於韓非思想的核心是「術」還是「法」，進而推及法家理論是以「法」為先還是以「術」為先，向來見仁見智，莫衷一是。筆者認為，就法家的研究而言，這是一個無法迴避的重大原則問題，應當通過進一步的研究和討論，力求達成共識。因為只有深刻理解「法」和「術」的內涵並正確認識它們各自在法家思想理論中的地位和作用，才能準確把握法家學說的精髓，從而對法家文化的歷史價值和理論價值作科學的定位。

第一節　文獻所見申、商、韓的連稱

　　漢代以降，人們在論及法家時，對其代表人物提到最多的，是申不害、商鞅和韓非三人。這裏有幾種情況，一是將三人相提並論，如漢武帝即位伊始，便准大臣奏請，將申、商、韓之學視為擾亂國政的異端邪說而罷之：

　　　　丞相綰奏：「所舉賢良，或治申、商、韓非、蘇秦、張儀之言，亂國政，請皆罷。」奏可。〔註1〕

　　又如《淮南子》一書，亦屢屢把申、商、韓三人作為法家的靈魂人物批判之：

　　　　今商鞅之《啓塞》，申子之《三符》，韓非之《孤憤》，……皆搣取之權，一切之術也。非治之大本，事之恒常、可博聞而世傳者也。

　　〔註2〕

〔註1〕參看《漢書‧武帝紀》。
〔註2〕《淮南子‧泰族》。

今若夫申、韓、商鞅之爲治也，梓拔其根，蕪棄其本，而不窮究其所由生。〔註3〕

西漢名儒董仲舒，也將申、商、韓視爲法家的代表：

至秦則不然，師申、商之法，行韓非之說。〔註4〕

漢代之後，也有學者將三人放在一起評說：

法家者流，以法繩天下，使一本於其術。商君、申、韓之徒，乃推而大之，挾其說以干世主，收取功名。〔註5〕

二是只提及單人姓名，出現頻率最高者，當屬韓非，毋庸贅引。

三是將三人中的兩位有如「孔孟」、「老莊」、「黃老」般連稱並論，如將申、韓連稱：

申韓之術，不仁之至矣！〔註6〕

世人薄申、韓之實事，嘉老、莊之誕談；然而爲政莫能錯刑。〔註7〕

時帝方任刑法，以《韓子》賜皇太子。亮諫以申、韓刻薄傷化，不足留聖心，太子甚納焉。〔註8〕

（晉元帝）用申、韓以就救世。〔註9〕

周文留綽至夜，指陳帝王之道，兼述申、韓之要，達曙不厭。〔註10〕

理明後，便讀申、韓書，亦有得。〔註11〕

老莊爲黃帝之道，許行爲神農之言，墨氏祖於禹，而申、韓又

〔註3〕《淮南子‧覽冥》。
〔註4〕《漢書‧董仲舒傳》。
〔註5〕《歐陽文忠全集》卷一百二十四，《崇文總目敘釋‧法家類》，《四部備要》本。
〔註6〕揚雄：《揚子法言‧問道》。
〔註7〕葛洪：《抱朴子‧外篇》，卷十四，《用刑》，《新編諸子集成》收楊明照《抱朴子外篇校箋》本，北京，中華書局，1991。
〔註8〕《晉書‧庾亮傳》，《二十五史》本，上海，上海古籍出版社、上海書店，1986。
〔註9〕《晉書‧阮籍傳》。
〔註10〕《北史‧蘇綽傳》，《二十五史》本，上海，上海古籍出版社、上海書店，1986。
〔註11〕黎靖德：《朱子語類》卷十一，《學五》，北京，中華書局，1986。

祖於道德。〔註12〕

後世之爲君子者，十九而爲申、韓。〔註13〕

故孔明手寫申、韓書以進後主。〔註14〕

三代而後，申韓之說常勝。〔註15〕

世有申、韓之書……於是申、韓之徒出，而以名實之說勝之矣。〔註16〕

在現代和當代，以申、韓連稱的學者也爲數最多，就連酷愛讀史的毛澤東，也有「其教孔孟者，其法亦必申韓」一說。〔註17〕

又如將商、韓或申、商連稱：

今之學者，師商、韓而上法術，竟以儒家爲迂闊，不周世用，此最風俗之流弊，創業者之所致慎也。〔註18〕

朔上書陳農戰強國之計，……其專言商鞅、韓非之語也。〔註19〕

自老聃之死百餘年，有商鞅‧韓非著書，言治天下無若刑名之賢。〔註20〕

後儒冥心求理，其繩以理，嚴於商韓之法。〔註21〕

學申商刑名之學於軹張恢先所。〔註22〕

胡亥少習刻薄之教，……師譚申、商。〔註23〕

〔註12〕《陳亮集》卷十一，《策‧子房賈生孔明魏徵何以學異端》，北京，中華書局，1974。
〔註13〕王夫之：《讀通鑒論》卷二十二，《玄宗》，《四部備要》本。
〔註14〕何犿：《校韓子序》，陳奇猷《韓非子新校注》本，第1221頁。
〔註15〕趙用賢：《韓非子書序》，陳奇猷《韓非子新校注》本，第1226頁。
〔註16〕陳深：《韓子迂評序》，陳奇猷《韓非子新校注》本，第1230頁。
〔註17〕中共中央文獻研究室編：《毛澤東讀文史古籍批語集》，第344頁，北京，中央文獻出版社，1993。
〔註18〕《三國志‧魏書‧杜畿傳》，《二十五史》本，上海，上海古籍出版社、上海書店，1986。
〔註19〕《漢書‧東方朔傳》。
〔註20〕蘇軾：《韓非論》，《蘇軾文集》（第一冊第四卷）本。
〔註21〕戴震：《戴東原集‧與某書》，《戴震集》（上編，文集卷九）本，上海，上海古籍出版社，2009。
〔註22〕《史記‧袁盎晁錯列傳》。
〔註23〕《三國志‧魏書‧武文世王公傳》裴松之注引：《曹囧上少帝（曹芳）書》。

由以上所引材料，我們不難發現，歷代學者在其論著中多將申、韓二人並列提之，而較少將商鞅和韓非直接聯繫在一起（誠然，也偶有學者將申、商二人相提並論）。這一現象的發生和持續，就狹義而言，反映了秦漢以降對商、申、韓的認識和評價，從廣義來說，則體現了二千來年間法家研究的水平及局限。正是看到這一現象並擬抓住其本質，才驅使筆者在本章著力去探究法和術在法家思想理論中分別佔據的地位，並力圖剖析二千年來申韓之術要比商韓之法「搶眼」之原因所在。

第二節　申韓之術與商韓之法辨析

為了將商韓之法和申韓之術作一比較，以瞭解其各自的內涵和特徵，從而進一步明確它們在法家學派中的分量和地位，我們有必要對以下一些問題略作辨析。

一、申韓之術的提出

上文在比較說明申、商、韓這幾位法家的主要代表人物在歷史文獻中被連稱提及的不同情況時，所援用的材料，均為漢代以降學者的記載和議論。其實，在歷史上最早將申韓連稱並提出「申韓之術」這一概念的人，當屬「法家思想的研究者、傳播者和執行者李斯」，〔註24〕這位秦朝重臣就「督責之術」上書給秦二世時寫道：

> 夫不能修申、韓之明術，行督責之道，專以天下自適也，而徒務苦形勞神，以身殉百姓，則是黔首之役，非畜天下者也，何足貴哉！〔註25〕

> ……若此明申、韓之術，而修商君之法。法修術明而天下亂者，未之聞也。〔註26〕

「韓非著書，李斯採以言事」。〔註27〕在這裏，作為法家政治家的李斯，對「法」與「術」的各自內涵及其相互間的關係，是了然於胸的，且有其獨到的見解。

〔註24〕王子今：《秦漢社會意識研究》，第197頁。
〔註25〕《史記·李斯列傳》。
〔註26〕《史記·李斯列傳》。
〔註27〕王充：《論衡·案書》，陳蒲清點校本，長沙，嶽麓書社，2015。

首先，李斯將「商君之法」和「申、韓之術」作為兩個不同的概念明確區分，各賦予其不同的內涵。

與此同時，李斯又把「商君之法」和「申、韓之術」緊密相連，視為他極力推崇的法家理論的兩個要素。尤需指出的是，李斯對「術」的理解和運用與韓非大相徑庭。韓非認為：「法莫如顯，而術不欲見。」〔註28〕而李斯則主張「術」與「法」一樣，也在明處，可大張旗鼓地宣傳，堂而皇之地發揮其效用。

秦代之後，較早將申不害和韓非放在一起研究的學者，是司馬遷。他在《史記·老莊申韓列傳》中是這樣介紹申、韓二人之學術淵源的：

> 申不害……學術以干韓昭侯……申子之學本於黃老而主刑名。

> 韓非……喜刑名法術之學，而其歸本於黃老。

> 老子所貴道，虛無，陰影變化於無為，故著書辭稱微妙難識。莊子散道德，放論，要亦歸之自然。申子卑卑，施之於名實。韓子引繩墨，切事情，明是非，其極慘礉少恩。皆原於道德之意，而老子深遠矣。

在此，司馬遷認可了李斯的觀點，認為申、韓在學術上是同聲同氣、一脈相承的，並進一步認定申、韓二人的學術皆「本於黃老」，「原於道德之意」。

《史記·老莊申韓列傳》中載有一段「袖珍」的申不害傳記，我們不妨將其全文抄錄如下：

> 申不害者，京人也，故鄭之賤臣。學術以干韓昭侯，昭侯以為相。內修政教，外應諸侯，十五年。終申子之身，國治兵強，無侵韓者。

> 申子之學本於黃老而主刑名。著書二篇，號曰《申子》。

從這段僅寥寥數語的小傳中，我們可提取以下信息：

甲、申子在學術上主攻的是「術」，其核心內容是「刑名」；他在政治上推行的也是「刑名之術」。

南朝劉宋裴駰《史記集解》按：《新序》曰「申子之書言人主當執術無刑〔形〕，因循以督責臣下，其責深刻，故號曰『術』。商鞅所為書號曰『法』。皆曰『刑名』，故號曰『刑名法術之書』。」

〔註28〕《韓非子·難三》。

對此，唐代司馬貞在《史記索隱》中也認爲：「術即刑名之法術。」

從劉向、裴駰、司馬貞等人對「術」的詮釋，我們可領會到，李斯和司馬遷對「術」的內涵之理解是一致的，只不過各自切入的角度不同而已——前者著眼的是「術」的實質內容，後者關注的是「術」的學術淵源。

乙、「刑名之術」並非申子首創，其學之淵源「本於黃老」。

較早出現「刑名」一詞的先秦典籍，有《管子・心術上》（「物固有形，形固有名。」）、《尹文子・大道上》（「名者，名形者也。形者，應名者也。……故形名者不可不正也。」）和《黃老帛書・經法・道法》（「名刑已定，物自爲定。」）。這些典籍，都與早期道家有直接的關係。可以肯定，在申不害成名之前，「刑名之術」業已面世，黃老之學也已在社會上流傳。而刑名之術，與道家鼻祖老子的《道德經》則有著千絲萬縷的關係：

> 故執道者之觀於天下也，無執也，無處也，無爲也，無私也。
> 是故天下有事，無不自爲刑名聲號矣。刑名以立，聲號已建，則無所逃跡匿正矣。〔註29〕

內中的「無執」、「無處」、「無爲」、「無私」，均因襲於老子的《道德經》。司馬遷說「申子之學本於黃老而主刑名，」並認定申不害的後來者韓非所喜刑名法術之學，「歸本於黃老」，「皆原於道德之意」，可謂言之鑿鑿。

誠然，刑名之術不是申子所創，並不等於說以申子爲代表的（中期）法家之術沒有自身的特點。法家的「術」，是君王之術，是爲專制君主在實行法治中監控臣子而設計的。這套「術」的精要，體現在兩個方面，一是「君設其本，臣操其末；君治其要，臣行其詳；君操其柄，臣事其常。」〔註30〕一言以蔽之，是君抓其綱，臣入其網。二是「明君治國，而晦晦，而行行，而止止。」〔註31〕所謂「晦晦」，是不露聲色，深不可測，讓臣子難以猜度君主的心思，使君主的「行行」「止止」可隨心所欲。這後一方面，是從老子的無爲政治引申出來的，可在《道德經》中找到其思想根源：

> 俗人昭昭，我獨昏昏。俗人察察，我獨悶悶。〔註32〕

〔註29〕《馬王堆漢墓出土帛書・經法・道法》，陳鼓應《黃帝四經今注今譯——馬王堆漢墓出土帛書》本，北京，商務印書館，2007。

〔註30〕《申子・大體》，姜玉山、呂慶業主編《中國法家文化名著》本，延邊大學出版社，1995。

〔註31〕《申子・君臣》。

〔註32〕《老子》第20章。

魚不可脱於淵，國之利器不可以示於人。〔註33〕

企者不立，跨者不行，自見者不明，自是者不彰，自伐者無功，
自矜者不長。其在道也，曰：餘食贅行。物或惡之，故有道者不處。
〔註34〕

申子之術，源於道家，但又具有鮮明的法家色彩。曹大林先生認為，申
不害是法家中的術家，是在理論上和實踐上著重以術來保證實行法治的法
家。之所以把其放在法家的總範疇，主要根據有三點：〔註35〕

首先，他是主張以法治國的：

堯之治也，蓋明法審令而已。聖君任法而不任智，任數而不任
説。黃帝之治天下，置法而不變，使民安樂其法也。〔註36〕

君必有明法正義，若懸權衡以稱輕重，所以一群臣也。〔註37〕

其次，申子言術是為了加強君主集權專制，以達到「君操其柄，臣事其
常」，依靠君權自上而下實行變法之政治目的。

再次，從申不害輔助韓昭侯變法的基本內容來看，與李悝、商鞅、吳起
等相同，都是在嚴苛的政治統治下進行體制改革，以實現富國強兵的目的。

內、申子曾有學術專著流傳後世。

申不害的專著，史稱《申子》，《史記・老莊申韓列傳》稱有二篇，《漢書・
藝文志》稱有六篇。現僅存唐《群書治要》卷三十六所輯的《大體》一篇，
另有一些片斷記載散見於《全上古三代秦漢三國六朝文》、《藝文類聚》等書
中。《申子》雖殘缺不全，但通過《大體》篇和其它一鱗半爪的材料，我們仍
可窺見其學術思想的主旨並據此確定其在法家中的地位。

綜上所述，申子之術思想根源來自道家，但又推陳出新，具有鮮明的法
家特色，是法家理論三要素之一「術」學說的創始人，是中期法家的主要代
表人物之一，其位列「申韓之術」的頭把交椅，當之無愧。

接下來要討論的是，為何韓非與申不害會緊密聯繫在一起。

〔註33〕《老子》第36章。
〔註34〕《老子》第24章。
〔註35〕參看曹大林：《中國傳統文化探源——先秦儒墨法道比較研究》，第 281 頁，
　　　　長春，吉林人民出版社，1998。
〔註36〕《申子》佚文，姜玉山、呂慶業主編《中國法家文化名著》本，延邊大學出
　　　　版社，1995。
〔註37〕《申子》佚文。

　　韓非的生年（約公元前 280 年），距申不害的卒年（約公元前 337 年），只有數十載，申子的原著，韓非目睹的機率很高，同時，申不害在韓國推行的政治改革也會使作爲韓人的韓非印象深刻。從韓非的學說來看，其受申不害的影響確實很深，在《韓非子》中，帶有申子之術的深刻烙印，但並不是簡單的重複，而是在繼承之餘對申子之術進行了改造，作了淋漓酣暢的發揮。

　　第一，韓非對申子之術是抱欣賞態度的。

　　法家之術，重在政治，其政治術的本質是君王術，即通過玩弄和施展權術，達到建立和強化君主專制政治的終極目標。韓非是專制主義政治理論的奠基人和吹鼓手，在其後半生中，花費了大量的精力去研究如何綜合運用法、術、勢的政治手段，加強君主對臣屬的駕馭和對權力的控制，推行專制主義來實現設定的政治目標。因之，基於對申子之術的領會，韓非對「術」的地位和作用十分看重：

　　　　人不食，十日則死，大寒之隆，不衣亦死，謂之衣食孰急於人，則是不可一無也，皆養生之具也……君無術則弊於上，臣無法則亂於下，此不可一無，皆帝王之具也。〔註38〕

將作爲「帝王之具」的法和術喻爲作爲「養生之具」的衣和食，不難看出，與對商鞅推崇的「法」之態度一樣，韓非對申不害所推崇的「術」，同是抱著欣賞的態度去體味和研究的，且與商鞅在推行法治中著眼於國不同，韓非在研究、宣揚法治時，更多的著眼於君，在這一點上，他與申不害的政治傾向更接近，共同語言更多些。

　　第二，韓非對申子之術作了盡情發揮。

　　《韓非子》中論述「術」用足了濃墨厚筆，論者認爲，「關於術的論述是韓非學說中的精彩之筆。」〔註39〕

　　也許是申不害未能留下完整著述之故，我們通過《申子》的《大體》、《君臣》篇所能看到的，只是申不害關於術的一些基本理論，但在韓非的著作裏，關於術的論點及闡述卻豐富異常，有詮釋，有發揮，有案例，可謂俯拾皆是。作爲政治理論，韓子之術比之申子之術，雖然其主要精神即加強君主集權專制是一樣的，但研究得更加透徹，建構的體系更爲完整。

　　韓非對「術」有兩段經典的解釋：

〔註38〕《韓非子·定法》。
〔註39〕施覺懷：《韓非評傳》，第 308 頁，南京，南京大學出版社，2002。

術者因任而授官，循名而責實，操生殺之柄，課群臣之能者也，此人主之所執也。〔註40〕

（法者，編著之圖籍，設之於官府，而布之於百姓者也。）術者，藏之於胸中以偶眾端而潛御群臣者也。故（法莫如顯，而）術不欲見。〔註41〕

前文曾提到，在對「術」的理解和運用上，李斯與韓非風格迥異，李斯推崇「督責之術」，認為明術有如明法，都應公開宣傳和推行；韓非則將政治術分成「陽術」和「陰術」，並將研究的重點放在後者。

這裏的「陽術」，是指循名責實之術，上文所引「術者因任而授官，循名而責實，操生殺之柄，課群臣之能者也，此人主之所執也」正是對此的詮釋。所謂循名責實，是一種課能之術，即訂立定期的考覈制度，根據官吏的職責檢驗其表現及政績，「聽言督其用，課其功。」〔註42〕看其是否遵制守法，忠於職守，管理有方，做出成績。這種考覈，一般是公開進行的，無需暗箱操作。君主根據考覈的結果，評定臣屬的優劣得失，決定對其的賞罰和任用，做到「賢良遂進而姦邪並退」。〔註43〕

所謂「陰術」，是指潛御群臣之術。說韓非論術重在陰而不在陽，主要依據還是上文所引他對「術」的性質之經典詮釋：「法莫如顯，術不欲見。」首先，韓非認為，與「法」的「編著之圖籍」不同，「術」是不成文的，並且在運用中往往只可意會，不可言傳。對此，韓非曾引用薛公田文（魏昭王的相國）略要手腕即把昭王的兩位近侍拾掇得俯首帖耳，令其願為田效力的範例並評之曰：「薛公以人臣之勢，假人主之術，而害不得生，況錯之人主乎？」〔註44〕這樣的術，不但很難用文字去表述，即使在口頭上表達，也只能隱晦暗喻，而不可明示於人。

其次，韓非認為，與「法」的「設之於官府而布之於百姓」不同，「術」非但不宜公開，即便是親人和近侍，也不可告知，所謂「明主……用術，則親愛近習莫之得聞。」〔註45〕韓非曾將鼓勵臣民告發其上司對君王的不忠等

〔註40〕《韓非子·定法》。
〔註41〕《韓非子·難三》。
〔註42〕《韓非子·八經》。
〔註43〕《韓非子·說疑》。
〔註44〕《韓非子·外儲說右上》。
〔註45〕《韓非子·難三》。

不軌言行視爲上通下達的重要一環，將之稱爲「條達之道」，同時認爲對於這種告密的行徑，不可泄露，因爲「言通事泄，則術不行。」〔註46〕可見，術是具有保密性質的。

由上可知，作爲法家中一個流派代表人物的申不害，其法治思想要在一個「術」字，核心是解決君主有效控制和統御群臣的問題，實現「君操其本，臣操其末；君治其要，臣行其詳」的政治境界。申子的思想，幾乎被韓非全數吸收，韓非與申不害的術，如出一轍。申子在世的年代較早，是法家之「術」的創始人；韓子繼承了申子之術的精要，並大大豐富了其具體內容，將之作爲法家系統理論的三要素之一。史家將申韓連稱，是順理成章的。更爲重要的是，申韓之術對於封建統治階級尤其是專制君主來說，是不可或缺的理論工具，歷來爲當政者所青睞，故在意識形態領域，「申韓」、「申韓之術」成爲專有名詞，也是情理中事。

二、商韓之法是商韓之學的核心

與繼承申不害關於「術」的思想之餘自己又有許多創新不同，韓非關於「法」的思想，大部分是直接從商鞅那裏接收過來的。近代學者蔡元培在其《中國倫理學史》一書中認爲：「韓非子襲商君之主義，而益詳明其條理。其於儒家、道家之思想，雖稍稍有所採擷，然皆得其粗而遺其精。故韓非子者，雖有總攬三大思潮之觀，實商君之嫡系也。」〔註47〕是否總攬三大思潮，值得商榷，但說韓非是法家理論和實踐的奠基者商鞅之嫡系，則是符合客觀事實的。

前文已述，古代學者在論及法家時，將商韓二人連稱雖然比將申韓二人連稱出現的頻率要低，但也時有見到。近現代學者在研究法家時，進一步提煉出了「商韓之學」的概念。〔註48〕那麼，商韓之學的核心是什麼呢？

研究商韓之學的內涵，並將之與申韓之術作比較，關鍵是要明瞭「法」

〔註46〕均見《韓非子・八經》。

〔註47〕高平叔編：《蔡元培全集》第二卷，第48頁，北京，中華書局，1984。

〔註48〕任繼愈主編的《中國哲學發展史（先秦）》第 347 頁指出：「管仲學派……和與魯文化有淵源關係的孟荀學派即儒家學派以及產生於三晉的商韓學派即法家學派有著明顯的不同，」明確提出了商韓學派的概念。蘇南的《法家文化面面觀》第 66 頁評論齊法家派別的代表人物慎到曰：「慎到……屬於齊法家的派別。所以他的思想形成了不同於商韓之學的自己的特色，」更旗幟鮮明地提出了商韓之學的概念。

在韓非思想體系中的分量和地位。

　　商鞅是法家法治理論嚴整體系的建立者，他賦予「法」至高無上的地位，認為「法令者，民之命也，為治之本也。」〔註49〕韓非認同並推崇商鞅的法理論，認為「法者，王之本也。」〔註50〕「明主之國，無書簡之文，以法為教；無先王之語，以吏為師；無私劍之捍，以斬首為勇。」「明其法禁，必其賞罰」，〔註51〕將法作為法家集大成理論的第一要素。鑒此，臺灣學者王邦雄明確指出：「韓非子政治哲學之整體架構，雖由法勢術等三種基料結合搭建而成，然其根本精神，實以法為其中心。……勢與術皆以法之實現為其目的」。〔註52〕「故法之思想，實為韓非政治哲學的命脈所在。」〔註53〕「是法為其政治哲學之中心思想，為其理想之歸趨；法亦為其制衡勢與術之標準，有其規範之效能。」〔註54〕

　　筆者認為，商韓之學的核心是「以法為本」，「以法為教」，故又可稱為商韓之法。它比之申韓之術，更能充分體現法家理論的精神實質，是法家政治理論的核心，同時在韓非的政治哲學上也處在中心的地位。清末民初的法學大家沈家本先生在其系統總結我國古代法學的《法學盛衰說》一文中指出：「法家者流……戰國之時，此學最盛。迨李斯相秦……若欲學法令者，以吏為師。……法令之書藏於官府……朝廷之上，方以法為尚……。」〔註55〕沈先生的這篇論文，被稱為「奠定中國近現代法學的擔綱之作。」〔註56〕從以上論述中可知，他心目中的法家思想理論，是以法學而不是以術論為核心內容的。

三、以術為本與以法為本之辨析

　　既有申韓之術，又有商韓之法，二者均直接與韓非的思想密切相連，人們不禁要問，在韓非的思想深處，究竟是以術為本，還是以法為本（因為韓

〔註49〕《商君書‧定分》。
〔註50〕《韓非子‧心度》。
〔註51〕《韓非子‧五蠹》。
〔註52〕王邦雄：《韓非子的哲學》，第235頁，臺灣，東大圖書有限公司，1988。
〔註53〕王邦雄：《韓非子的哲學》，第221頁。
〔註54〕王邦雄：《韓非子的哲學》，第223頁。
〔註55〕沈家本：《寄簃文存二編》卷上《法學盛衰說》，李貴連《沈家本傳》本，第359至361頁。
〔註56〕李貴連：《沈家本傳》，第361頁。

非是法家的集大成者，故還可推而論之，探究在法家的理論體系中，是以術爲本，還是以法爲本）？

古代學者一般都認爲法家理論的顯著特徵是術，因而較看重申韓之術，將之作爲法家的主要標籤。近現代學者對此認同的也不乏其人。

筆者認爲，這種認識和提法背離了法家理論的主旨，很有必要重新斟酌。

首先需澄清的是，申不害的基本政治立場，是以法治國而不是以術治國：「聖君任法而不任智，任數而不任說。黃帝之治天下，置法而不變，使民安樂其法也。」〔註57〕他言術旨在加強君權，駕馭臣子，推行變法。但郭沫若卻認爲：「申子雖被漢以後人稱爲『法家』，其實他和李悝、吳起、商鞅等的傾向完全不同，嚴密地說時是應該稱爲『術家』的。」〔註58〕此論值得商榷。

要回答以術爲本還是以法爲本這一問題，既要研究《韓非子》的具體內容及其與《商君書》、《申子》間的聯繫，又要認眞掂量法和術各自在法家理論體系中的地位。

陳奇猷、張覺二先生對《韓非子》一書做了較爲系統和深入的研究，他們認爲，從《韓非子》各篇的內容來看，韓非「還是更多地探討了術治。韓非……在術治上花的筆墨比法要多得多。」與此同時，他們又認爲，「韓非的思想」是「以法治爲重心」的。〔註59〕

筆者也曾專門對比著耙梳韓非著作中探討術治和法治的篇章，從篇目來看，主論或系統論述術治的有《主道》、《揚權》、《八姦》、《三守》、《備內》、《南面》、《觀行》、《用人》、《內儲說上七術》、《內儲說下六微》、《外儲說右下》、《定法》、《說疑》、《八說》、《八經》、《人主》等篇；兼論術治的有《姦劫弒臣》、《難一》、《難二》、《難三》、《難四》、《外儲說右上》、《安危》等篇，散論術治的有《孤憤》、《外儲說左上》、《外儲說左下》、《問田》、《詭使》、《顯學》、《心度》、《制分》等篇，以上涉及術治的合約三十餘篇，約占《韓非子》五十五篇中的五分之三。而研究法治的篇目，主論或系統論述法治的有《有度》、《二柄》、《飾邪》、《守道》、《內儲說上七術》、《定法》、《詭使》、《六反》、《八說》、《八經》、《顯學》、《飭令》、《心度》、《制分》等篇；兼論法治的有《揚權》、《姦劫弒臣》、《解老》、《用人》、《大體》、《外儲說右上》、《外儲說

〔註57〕《申子》佚文。
〔註58〕郭沫若：《十批判書》，第345頁。
〔註59〕陳奇猷、張覺：《韓非子導讀》，第86、第95頁，成都，巴蜀書社，1990。

右下》、《難一》、《難二》、《難三》、《五蠹》、《忠孝》等篇；散論法治的有《初
見秦》、《八姦》、《孤憤》、《和氏》、《亡徵》、《備內》、《南面》、《喻老》、《安
危》、《內儲說下六微》、《外儲說左上》、《外儲說左下》、《難四》、《難勢》、《問
辯》、《問田》、《說疑》等篇，以上涉及法治者計四十餘篇，佔了《韓非子》
五十五篇中的五分之四。

　　從篇幅來看，《韓非子》中論述法治的文字，也多於論述術治的文字。周
鍾靈等主編的《韓非子索引》（北京，中華書局，1982），關於術的條目，只
有一百餘條，而關於法的條目，則有數百條之多，後者遠勝於前者。

　　根據以上數據分析，韓非的思想總體來說還是以法治爲中心的，與法相
關的篇目約占《韓非子》全書的 80%，其中主論或系統論述法治的有一、二
十篇，而同書中與術相關的篇目約占全書的 60%，其中主論或系統論述術治
的有十餘篇。故可以得出這樣的結論：撇開篇幅較小的勢治部分不計，在《韓
非子》一書裏，論述法治的筆墨要比論述術治的多，充其量是法、術參半，
並不是陳、張二先生所分析的那樣，也非郭沫若所說的「他（指韓非子——
筆者注）的書中關於『術』的陳述與讚揚，在百分之六十以上。」〔註60〕

　　韓非集法家之大成建立起來的法術勢相結合的思想體系，是以法爲核心
的。如孫實明先生所言，在法家的思想體系中，「法術勢乃是以法爲主而相互
依存的對立統一。」〔註61〕

　　法與術，在很大程度上是一種主從關係，後者是前者的補充和輔助手段，
施行術治是爲了更好地推行法治。對此，杜守素、任繼愈、施覺懷等先生均
有明確的見解：

　　　　法、術、勢三者是構成韓非的法術思想的三種要素，而且是以
　　法爲中心而把術和勢有機地組織起來的。〔註62〕

　　　　（韓非）提出了以法治爲中心的，法、術、勢相結合的法治思
　　想。〔註63〕

　　　　韓非重法，同時也重術，把術作爲法的重要補充。〔註64〕

〔註60〕郭沫若：《十批判書》，第369頁。
〔註61〕孫實明：《韓非思想新探》，第27頁，武漢，湖北人民出版社，1990。
〔註62〕杜守素：《先秦諸子思想》，第77頁，北京，三聯書店，1950。
〔註63〕任繼愈主編：《中國哲學史》第一冊，第237頁，北京，人民出版社，1963。
〔註64〕任繼愈主編：《中國哲學發展史（先秦）》，第739頁。

在法與術的具體關係上，一般不能丟開法而隨心所欲地用
術……實際上，法被普遍地使用，而術在某些更重要的場合使用。
〔註65〕

然而，歷來有不少學者都認爲，韓非研究的重心是在術治上，其著述中最爲出彩的是「術論」：

韓非的政治理論談得最多的還是法和術，嚴格地說，把他稱爲法術家是比較合適的。他關於法的論述並沒有很多創見，而關於術倒是有不少新發揮。〔註66〕

然雖法術兼持，而其全書精神，畢竟歸本於任術。稍有識者，細玩全書，當不疑於斯言……韓非書，雖法術並言，而其全書所竭力闡明者，究在於術。〔註67〕

韓非之書，千言萬語，壹歸於任術而嚴法，雖法術兼持，而究以術爲先。〔註68〕

關於術的論述是韓非學說中的精彩之筆。〔註69〕

韓非的政治學說，雖以法治爲重心，但從內容上來看，他的術治學說比法治學說還要豐富。……術治學說是韓非政治學說的重要組成部分，也是其學說中最精彩的部分，卻又是最受後人非議的部分。〔註70〕

筆者以爲，眾多學者之所以持此看法，主要是由以下幾個方面的原因造成的：

第一，韓非關於「術」的研究成果對後世影響很深。

《韓非子》中，繼承商鞅「法論」的地方最多，但在「法論」方面的創新卻不多。而對於申不害的「術論」，韓非在承襲的基礎上，還大加發揮，新論迭出，給人以非常深刻的印象。諸如：

術者，藏之於胸中以偶眾端而潛御群臣者也。〔註71〕

〔註65〕施覺懷：《韓非評傳》，第359頁。
〔註66〕汝信：「韓非評傳」，載《中國哲學史研究》1981年第1期。
〔註67〕熊十力：《韓非子評論》，第3頁，臺灣，學生書局，1984。
〔註68〕熊十力：《韓非子評論》，第22頁。
〔註69〕施覺懷：《韓非評傳》，第308頁。
〔註70〕張覺：《韓非子導讀》，第30頁，北京，中國國際廣播出版社，2009。
〔註71〕《韓非子·難三》。

　　（法莫如顯，）而術不欲見。是以明主……用術，則親愛近習莫之得聞也，不得滿室。〔註72〕

　　凡術也者，主之所以執也；（法也者，官之所以師也）。〔註73〕

　　人主者不操術，則威勢輕而臣擅名。〔註74〕

　　君無術則弊於上，臣無法則亂於下，此不可一無，皆帝王之具也。〔註75〕

　　主有術，兩用不爲患；無術，兩用則爭事而外市，一則專制而劫弑。〔註76〕

　　恃術而不恃信。〔註77〕

　　有術而御之，身坐於廟堂之上，有處女子之色，無害於治；無術而御之，身雖瘁臞，猶未有益。〔註78〕

　　無術以御之，身雖勞，猶不免亂；有術以御之，身處佚樂之地，又致帝王之功也。〔註79〕

　　有人無術以禁下，恃爲舜而不失其民，不亦無術乎？〔註80〕

　　無術以任人，無所任而不敗……無術以用人，任智則君欺，任修則君事亂。〔註81〕

　　主之所用者七術……一曰眾端參觀，二曰必法明威，三曰信賞盡能，四曰一聽責下，五曰疑詔詭使，六曰挾知而問，七曰倒言反事。〔註82〕

　　治國是非，不以術斷而決於寵人，則臣下輕君而重於寵人矣。

〔註72〕《韓非子‧難三》。
〔註73〕《韓非子‧說疑》。
〔註74〕《韓非子‧外儲說右下》。
〔註75〕《韓非子‧定法》。
〔註76〕《韓非子‧難一》。
〔註77〕《韓非子‧外儲說左下》。
〔註78〕《韓非子‧外儲說左上》。
〔註79〕《韓非子‧外儲說右下》。
〔註80〕《韓非子‧難三》。
〔註81〕《韓非子‧八說》。
〔註82〕《韓非子‧內儲說上七術》。

〔註83〕

　　今人主非肯用法術之士，聽愚不肖之臣……此世之所以亂也。

〔註84〕

　　賢君之治國也，適於不亂之術。〔註85〕

如此等等，在《韓非子》的一些篇章中俯拾皆是。比之其前輩申不害，韓非對術治的研究，不但在理論體系上更完整，分析更透徹，而且提出了具體的手段，在實踐上更具可操作性。內中最為世人側目的是韓非為專制君主精心設計的治奸術和陰謀權術，其不擇手段之陰險殘忍，令人毛骨悚然，試舉兩例如下：

　　例1：申子之術，「本於黃老」，其中內容之一，是繼承了老子「無為」的思想。「無為」本是老子哲學的一個重要範疇，既是自然觀，也是社會觀。申不害承襲了「無為」的思想，將之蛻變為陰謀權術。對此，《韓非子》中有兩處引用了申子的論述：

　　　　申子曰：「上明見，人備之；其不明見，人惑之。其知見，人飾
　　之；不知見，人匿之。其無欲見，人司之；其有欲見，人餌之。故
　　曰：吾無從知之，惟無為可以規（窺）之。」〔註86〕

　　　　申子曰：「慎而言也，人且知女；慎而行也，人且隨女。而有知
　　見也，人且匿女；而無知見也，人且意女。女有知也，人且臧女；
　　女無知也，人且行女。故曰：惟無為可以規（窺）之。」〔註87〕

按申子的觀點，君主要無為而治，就需擺出一副無智無欲、謹言慎行的模樣，在不露聲色中窺視探測臣下，以無為之術駕馭臣下。對此，韓非不但大加欣賞，盡數悉收，而且「青出於藍而勝於藍」，將申子的理論變本加厲，進一步加強無為之術的陰謀成分。他不僅贊同用無為之術去窺察臣下，還主張玩弄此術去造成臣下的緊張、恐懼心理，令到眾人在戰戰兢兢、惶恐不安中為君主賣力：

　　　　君無見其所欲，君見其所欲，臣自將雕琢；君無見其意，君

〔註83〕《韓非子・八說》。
〔註84〕《韓非子・人主》。
〔註85〕《韓非子・心度》。
〔註86〕《韓非子・外儲說右上》。
〔註87〕《韓非子・外儲說右上》

見其意，臣將自表異。故曰：去好去惡，臣乃見素；去舊去智，臣乃自備。故有智而不以慮，使萬物知其處；有行而不以賢，觀臣下之所因；有勇而不以怒，使臣下盡其武。是故去智而有明，去賢而有功，去勇而有強。群臣守職，百官有常；因能而使之，是謂習常。故曰，寂乎其無位而處，漻乎莫得其所。明君無爲於上，群臣竦懼乎下。〔註88〕

在這裏，韓非不但十分具體地詮釋了申不害所述原意，還提出了「明君無爲於上，群臣竦懼乎下」的新觀點，其在「無爲之術」方面的心機之深，讓人心寒也令人叫絕。

例2：「申子言：『治不逾官，雖知弗言』。」〔註89〕爲官只需謹守自己的職責即可，對於職權以外的事情即使知道也不要說。對此，韓非只認同其前半句，對後半句則不以爲然，他認爲，如果大家都「雖知弗言」，君主就失去了眾多的耳目，無法及時洞察姦邪以制之，因此，必須「誅毋謁而罪同」，〔註90〕即嚴厲懲處那些洞悉姦邪而不告發的人，以儆效尤。這是韓非在批評「申子之術」「未盡於法」〔註91〕時特地舉的一個例子。不但防奸治奸，而且懲處庇奸者，聯想當初商鞅推行的「連坐法」，韓非在術治方面，確實比申子的思路要開闊得多，讓術治與法治結合得更爲緊密，成爲一個有機的整體。

第二，關於法、術、勢三者在韓非思想中的地位，學術界存在較大分歧。

對法、術、勢三者在韓非思想理論中所佔的地位，歷來見仁見智。

較多學者都認爲，韓非思想的核心是「法」，前文所引蔡元培、任繼愈、王邦雄、孫實明諸先生所言，均持這一觀點，不再贅述。

也有不少學者認爲，韓非思想的核心是「術」，《韓非子》「……雖法術兼持，而其全書精神，畢竟歸本於任術。……韓非書，雖法術並言，而其全書所竭力闡明者，究在於術。……人主必有術，以御臣下，始能一繩以法。」〔註92〕

〔註88〕《韓非子‧主道》。
〔註89〕《韓非子‧定法》。
〔註90〕《韓非子‧八經》。
〔註91〕《韓非子‧主道》。
〔註92〕熊十力：《韓非子評論》，第3頁。

還有少數學者認爲，「韓非思想的核心既不是『法』也不是『術』而是『勢』。」〔註93〕

除以上分別認定法、術、勢中之一項爲韓非思想的核心之外，另有學者承接馮友蘭「韓非以爲勢、術、法三者，皆『帝王之具』，不可偏廢」〔註94〕的觀點進而認爲，「法、術、勢是韓非政治思想的三個核心範疇，……三者關係的一個顯著特徵是循環互補。」而「離開了強化王權的目的，在循環互補的三個工具之中，是無法找到中心的。」〔註95〕

由上可知，學術界對法、術二者在韓非思想中的地位存在著重大分歧，各種觀點均無法說服對方，一時只能各持己見。

第三，韓非與商鞅在法治理論上落腳點的差異導致論者產生如是看法，即韓非乃「以術爲先」，其思想基礎「是術的思想」。

法家思想理論的要義，是以法治國。而其倡導的法治之基本精神，是以公利爲先，以國家爲本。法令一旦公佈，不但人民官吏，一律服從，即君主也應遵守。所謂「君臣上下貴賤皆從法，此謂爲大治。」〔註96〕對此，文子說得更爲透徹：「古之置有司也，所以禁民，使不得恣也。其立君也，所以制有司，使不得專行也。法度道術，所以禁君，使不得橫斷也。人莫得恣，則道勝而理得矣。」〔註97〕顯而易見，管、文二家皆將法置於君主之上。

商鞅是法家法治理論體系的奠基者，他推崇法治，認爲「法令者民之命也，爲治之本也，……爲治而去法令，猶欲無饑而去食也，欲無寒而去衣也，欲東而西行也。」〔註98〕因而主張一切以法律爲準繩，認爲「有主而無法，其害與無主同。」〔註99〕「法已定矣，不以善言害法。」〔註100〕商君之法，乃以國爲本：「國之所以治者三：一曰法；二曰信；三曰權。」將「法」放在

〔註93〕谷方：《韓非與中國文化》，第170頁，貴陽，貴州人民出版社，1996。

〔註94〕馮友蘭：《中國哲學史》卷上，第391頁，上海，商務印書館，1930。馮氏在後來出版的《中國哲學簡史》（北京，北京大學出版社第2版，1996）一書中，重提了這一觀點。

〔註95〕蔣重躍：《韓非子的政治思想》，第56、第86頁，北京，北京師範大學出版社，2000。

〔註96〕《管子‧任法》。

〔註97〕《文子‧上義》，彭裕商《文子校注》本，成都，巴蜀書社，2006。

〔註98〕《商君書‧定分》。

〔註99〕《商君書‧開塞》。

〔註100〕《商君書‧靳令》。

了國家政治的首要地位，而把「君之所獨制」的「權」擺在「法」之後，強調「爲天下位天下」，「爲天下治天下。」〔註101〕因爲「處君位而令不行，則危。……法制不明，而求民之行令也，不可得也。民不從令，而求君之尊也，雖堯舜之知，不能以治。」〔註102〕處於專制君王淫威下的人臣商鞅，確實膽識過人，其對法治的推崇至極，於此可見一斑。

相比之下，韓非對法治的論述，雖然秉承商鞅，但其理論的落腳點與商鞅卻頗有差異，他以君爲本，在闡述法治理論時比商鞅更多地強調君主如何有效地駕馭臣下，謹防大權旁落。

首先，韓非認同管子「令重則君尊，君尊則國安，令輕則君卑，君卑則國危，故安國在乎尊君」〔註103〕的觀點，強調法治對於加強君主尊嚴、鞏固君主地位的重要作用：

> 凡國博君尊者，未嘗非法重而可以至乎令行禁止於天下者也。〔註104〕

其次，韓非還沿襲管子「生法者君也」，〔註105〕「法政獨制於主而不從臣出也」〔註106〕的提法，主張立法權完全操縱在君主手中，「法」、「令」都由君主一人說了算：

> 「明主之國，令者，言最貴者也；法者，事最適者也。言無二貴，法不二適。」〔註107〕

然而，韓非心目中的「法」，是與「勢」即權力相依存的，所謂「抱法處勢則治，背法去勢則亂。」〔註108〕而且，這種權力必須集於君主一身，只有「人主處制人之勢，」〔註109〕「立可爲之賞，設可避之罰，」〔註110〕才能眞正「以法爲本」，駕馭人臣，統制天下。

爲能有效地駕馭臣下，保證權力不折不扣地掌握在君主手中，韓非把申

〔註101〕均見《商君書・修權》。
〔註102〕《商君書・君臣》。
〔註103〕《管子・重令》。
〔註104〕《韓非子・制分》。
〔註105〕《管子・任法》。
〔註106〕《管子・明法解》。
〔註107〕《韓非子・問辯》。
〔註108〕《韓非子・難勢》。
〔註109〕《韓非子・五蠹》。
〔註110〕《韓非子・用人》。

不害的術論吸納進自己集成的法家理論體系，並對此做了大量新的研究，在申子的基礎上，大大豐富了關於「術」的理論，將陰術與明法結合起來。以君為本的韓非，惟恐君主受蒙蔽，被架空，故煞費苦心設計了各種各樣的「術」，為君主提供了使用、考覈、監督、控制大臣的種種方法和措施，簡直到了不擇手段的地步。

在《韓非子》一書中，關於法的論述，主要是對商鞅之法的擴展，其理論價值和認識水平對商鞅學派來說，只是亦步亦趨而已，並無質的變化和提升。但《韓非子》中關於術的理論研究及其設計的實踐模式，無論從厚度和深度來說，都遠遠超出了術的原創者申子所提出的那一套，給後人留下了極其深刻的印象。古往今來眾多學者認為韓非是「以術為先」，界定其政治思想的基礎是申子的「術」，並將「申韓之術」作為法家的主要標籤，正是上述原因造成的。但是，筆者始終認為，「法」的思想才是韓非政治理論的核心，「術」和「勢」在其思想體系中是處於從屬地位的，理由如次：

第一，法、術、勢是一個有機的政治思想體系，恃勢、用術和言法三者相依為用，不可偏廢。分別由商鞅、申不害和慎到首倡的重法、重術、重勢的政治思想，到了韓非手中，被整合成了一個兼收並蓄的相當完備的理論體系，在這個包羅了以上三個方面的新體系中，韓非克服了商、申、慎單純法治、術治、勢治思想的偏頗，分析了它們之間的對立統一，發現法、術、勢三者之間雖有矛盾，但又具有互補性。恃勢、用術和言法三者是相依為用，不可偏廢的，只有將三者有機地結合起來（權法結合、權術結合、法術結合），才能確保君主的權力，從而保證以法治國、富國強兵目標的實現。〔註111〕

第二，法、術、勢雖相依為用，但在法家的理論體系中三者並不是平行的關係。「法」是其中的核心，「術」和「勢」在該理論體系中處於從屬地位，是「法」理論實施的憑藉條件和輔助手段。

法家理論的基本內容，雖可用「法、術、勢」三字概括之，但顧名思義，法家理論的核心內容（精髓），更應以一個「法」字去高度概括。推崇法治的商鞅，曾就治國的最高境界，做過一個說明：「言中法則辯之；行中法則高之；

〔註111〕對於這一點，即便是極力推崇法治的商鞅，也不是完全沒有認識，他在重法的同時，也曾提到術和勢的作用：「凡知道者，勢、數（《廣雅釋言》：「數，術也。」參看高亨：《商君書注譯》第174頁注釋）也。故先王不恃其強，而恃其勢；不恃其信，而恃其數。」（《商君書‧禁使》）

事中法則爲之。故國治而地廣，兵強而主尊，此治之至也。」〔註 112〕在集法家大成的韓非心目中，「勢……是貫徹法、術的先決條件，沒有勢（政權）自然談不上法的實施。」〔註 113〕「法」與「術」則是君主不可或缺的兩手，所謂「人主之大物，非法則術也……法莫如顯，術不欲見」。〔註 114〕在這裏，「術」固然也非常重要，但與「莫如顯」的「法」相比，它畢竟是「不欲見」的輔助性手段，只能在暗地裏起作用，要大張旗鼓地有效保障國家（含「家天下」）的長治久安，要建立帝王和霸王之業，必須靠一套完善的制度。韓非所強調的「法者，王之本也」〔註 115〕和「明法者強，慢法者弱」〔註 116〕等觀點，正是此意。只有以法爲本，才能眞正做到政治穩定和國富兵強。司馬貞在《史記索隱》中詮釋「術」的含義時說：「術，刑名之法術也。」其意亦是將「術」作爲在「以法爲本」前提下的一種手段去看待的。

　　第三，從歷史文化遺產的角度去考察，商韓之法的理論價值和歷史價值比申韓之術無疑要高得多。

　　商韓之法是法家文化的核心和精髓，集中體現了法家思想的理論價值和歷史價值，是值得充分肯定的歷史文化遺產，比起其糟粕部分來說，其精華部分佔據絕對的優勢。相比之下，申韓之術中，有積極和消極兩種成分，積極者如無爲術、執要術、聽言術、用人術、禁奸術中的部分內容，消極者如自神術、制馭術、陰謀術、暗殺術等。其中君主專制的消極成分佔了極重的比例，尤其是內中的陰謀權術，齷齪得令人髮指，對後世造成很壞的影響，爲歷來嚴厲批評法家者提供了口實。郭沫若認爲「韓非子的文章如《五蠹》、《顯學》之類，完全是一種法西斯式的理論」，讓人「讀起來很不愉快，」〔註 117〕恐很大程度上是針對申韓之術而言的。

　　平心而論，將商韓之法與申韓之術作一比較，從對後世的積極影響、借鑒作用來看，前者的理論價值和歷史價值確實要比後者高得多。

　　第四，爲何以往提「申韓之術」者多而言「商韓之法」者少？

　　歷來學者多言「申韓之術」，而少提「商韓之法」，除以上分析的情況之

〔註 112〕《商君書・君臣》。
〔註 113〕任繼愈主編：《中國哲學發展史（先秦）》，第 731 頁。
〔註 114〕《韓非子・難三》。
〔註 115〕《韓非子・心度》。
〔註 116〕《韓非子・飾邪》。
〔註 117〕郭沫若：《十批判書・後記》。

外，還有兩點是不能不提到的。

其一，是出於對商鞅的反感。

商鞅是法家政治理論的奠基者，同時也是法家政治實踐的旗手，是法家學派中不可多得的既在理論上有重要建樹、又在實踐中獲重大成功的傑出代表人物。但是，由於其極力主張以峻法嚴刑實行統治，不講情面，較為冷酷，只認法，不認人，與後來在意識形態佔據統治地位的儒家思想格格不入，故自秦漢以降，就留下了「刻薄少恩」的惡名和罵名。

較早對法家商鞅等提出「刻薄少恩」批評的是司馬談、司馬遷父子：

> 法家不別親疏，不殊貴賤，一斷於法，則親親尊尊之恩絕矣，可以行一時之計，而不可長用也，故曰「嚴而少恩。」〔註118〕

> 商君，其天資刻薄人也，跡其欲干孝公以帝王術，挾持浮說，非其質也。且所因由嬖臣，及得用，刑公子虔，欺魏將卬，不師趙良之言，亦足發明商君之少恩也。余嘗讀商君《開塞》、《耕戰》書，與其人行事相類，卒受惡名於秦，有以也夫！〔註119〕

司馬氏父子的評語，不但定下了漢代以降人們評論商鞅為人的基調，同時也成為長達二千年中關於法家顯著特徵的不刊之論。許多人一言及商鞅、言及法家，都會對其「天資刻薄」、「嚴而少恩」切齒指責之，對其表示極大的反感：

> （商鞅）法嚴而酷，刑深而必。……及孝公死，國人怨商君，至於車裂之。其患流漸至始皇，赤衣塞路，群盜滿山，卒以亂亡。削刻無恩之所致也。〔註120〕

> 商鞅……峭法盛刑，以虐戾為俗，欺舊交以為功，刑公族以立威，無恩於百姓，無信於諸侯，人與之為怨，家與之為仇，雖以獲功見封，猶食毒肉愉飽而罹其咎也。〔註121〕

> 商君尤稱刻薄。〔註122〕

〔註118〕《史記·太史公自序》。

〔註119〕《史記·商君列傳》。

〔註120〕劉向：《新序》卷第九，《善謀上》，石光瑛《新序校釋》（第2版）本，北京，中華書局，2009。

〔註121〕《鹽鐵論·非鞅》。

〔註122〕《資治通鑑·周紀二》，胡三省注本，上海，上海古籍出版社，1987。

　　自漢以來，學者恥言商鞅……秦之所以富強者，孝公敦本力穡
之效，非商鞅流血刻骨之功也。而秦之所以見疾於民，如豺虎毒藥，
一夫作難而子孫無遺種，則鞅實使之。〔註123〕

就連極力推崇法治的沈家本先生也指出：「自商鞅以刻薄之資行其法，寡恩積怨而人心以離，李斯行督責之令而二世以亡，人或薄法學爲不足尙。」然而與眾不同的是，他能看到問題的本質，並未因此而否定法學和法治，故接著又說：「然此用法之過，而豈法之過哉。漢改秦苛法，蕭何修律，雖以李悝之法爲本，而秦法亦採之。然惠帝除夷族之法，文帝除誹謗妖言之法，除肉刑，景帝減笞法，其時人民安樂，幾致刑措。用法而行以仁恕之心，法何嘗有弊。」〔註124〕

　　其二，是出於對權術的欣賞。

　　誠然，認爲韓非也是「刻薄」、「寡恩」的，亦不乏其人。如司馬遷就說過：「韓子引繩墨，切事情，明是非，其極慘礉少恩。」〔註125〕但歷代學者對待韓非和對待商鞅的態度，還是有明顯區別的，其主要原因，是韓非對權術頗有研究，提出的獨特思路和建議極具可操作性，爲歷代上層統治者及其御用文人所青睞。

　　權術，是運用權力的手法，是統治者尤其是最高統治者鞏固和加強自身統治地位不可或缺的法寶，歷來爲君主所高度重視。擁有最高權力（威勢）的君主，若不重視和玩弄權術，往往無法對臣下實行有效的監控，甚至會被臣下所架空。歐洲文藝復興時期的政治思想家馬基雅維里曾說過：「君主……應當同時效法狐狸與獅子」。〔註126〕作爲獅子，掌握著絕對權力的君主可以「使豺狼（君主身邊圖謀不軌的臣下——筆者注）驚駭」，〔註127〕但僅此是不夠的，君主還需有狐狸般的狡猾，才能將臣下牢牢控制，玩弄於股掌之間。從戰國秦漢以降的中國歷史來看，出於政治鬥爭和維護既得利益、權力的需要，歷代君主多將韓非的權術理論奉爲圭臬，在政治生活中實踐之。

　　西漢文、景朝的重臣晁錯，曾以韓非的權術理論爲藍本，對君王所操「術

〔註123〕蘇軾：《論商鞅》，《蘇軾文集》（第一冊第五卷）本。
〔註124〕參看沈家本：《寄簃文存二編》卷上《法學盛衰說》，李貴連《沈家本傳》本，第359至361頁。
〔註125〕《史記·老莊申韓列傳》。
〔註126〕〔意〕尼科洛·馬基雅維里：《君主論》，第83頁，北京，商務印書館，1985。
〔註127〕〔意〕尼科洛·馬基雅維里：《君主論》，第84頁。

數」及其重要作用有過如下闡述：

> 人主所以尊顯功名、揚名於萬事者，以知術數也。故人主知所
> 以監製臣下而治其眾，則群臣畏服矣；知所以聽言受事，則不欺蔽
> 矣；知所以安利萬民，則海內必從矣；知所以忠孝事上，則臣子之
> 行備矣。……竊觀上世之君，不能奉其宗廟而劫殺於其臣者，皆不
> 知術數者也。〔註128〕

與晁錯大致同期的淮南王劉安等，也秉承韓非的術論，對「人主之術」
作過如下詮釋：

> 人主之術，處無為之事，而行不言之教，清靜而不動，一度而
> 不搖，因循而任下，責成而不勞。是故心知規而師傅諭導，口能言
> 而行人稱辭，足能行而相者先導，耳能聽而執正進諫。是故慮無失
> 策，謀無過事，言為文章，行為儀表於天下。進退應時，動靜循理。
> 不為醜美好憎，不為賞罰喜怒。名各自名，類各自類，事猶自然，
> 莫出於己。〔註129〕

《淮南子》乃秦漢新道家之作，其內容以道家為歸，兼採儒、墨、法、陰陽
五行眾家思想，由於其濃重的黃老色彩，故不可能採擷韓非的陰謀權術。但
從上面的引述來看，其所津津樂道的「人主之術」，不僅受到道家無為之術的
影響，內中也帶有韓非「君道」、「術論」的痕跡。

筆者認為，作為絕對君權主義者的韓非，他提出的權術，作為「帝王之
具」之一，在以下幾個方面深得君主的歡心和賞識，是歷代君王維護和確保
君權須臾也離不開的利器。

一是震懾、駕馭臣下的手段：

> 明君無為於上，群臣竦懼乎下。明君之道，使智者盡其慮，而
> 君因以斷事，故君不窮於智；賢者勑其材，君因而任之，故君不窮
> 於能。有功則君有其賢，有過則臣任其罪，故君不窮於名。……臣
> 有其勞，君有其成功，此之謂賢主之經也。〔註130〕

所謂明君之道，是指帝王須遵循的原則和方法。韓非認為，作為君主，應高
高在上而不捲入具體事務，讓臣下兢兢業業做好本職工作。有功歸於君主，

〔註128〕《漢書·晁錯傳》。
〔註129〕《淮南子·主術》。
〔註130〕《韓非子·主道》。

有過諉於臣下，勞苦讓臣下去承受，君主則坐享成功。這是御臣之道，也是為君的最高境界。

> （人主）大不可量，深不可測，同合刑石，審驗法式，擅為者誅，國乃無賊。〔註131〕

> 君見惡，則群臣匿端；君見好，則群臣誣能。……故曰：『去好去惡，群臣見素。』群臣見素，則大君不蔽矣。〔註132〕

君主要使臣下戰戰兢兢、誠恐誠惶，就不能輕易流露自己的好惡傾向。只有這樣，才能冷眼觀察和準確掌握群臣的情感和動態，不致被臣下所矇騙。這種思路和方法，可看作是韓非對君主心理學研究的獨特成果。

> 人主使人臣雖有智慧，不得背法而專制；雖有賢行，不得逾功而先勞；雖有忠信，不得釋法而不禁——此之謂明法。〔註133〕

> 明主之所道制其臣者，二柄而已矣。二柄者，刑、德也。何謂刑德？曰：殺戮之謂刑，慶賞之謂德。〔註134〕

君主要有效地制服和馭駕臣下，還得抓住刑、德二柄，恩威並重，令到「群臣畏其威而歸其利」。此中，彰明法度並親自掌握殺戮刑罰的大權，使「為人臣者畏誅罰」，尤為重要。對此，韓非作了一個生動而貼切的比喻：「夫虎之所以能服狗者，爪牙也，使虎釋其爪牙而使狗用之，則虎反服於狗矣。」〔註135〕即君主手握殺戮刑罰的大權以制服臣下，有如老虎之所以能夠制服狗，憑藉的是它鋒利的「爪」和「牙」。

二是考察、監控、督導臣下的方法：

> 有道之主，聽言督其用，課其功……言必有報，說必責用也。〔註136〕

> 為人臣者陳其言，君以其言授之事，專以其事責其功。功當其事，事當其言，則賞；功不當其事，事不當其言，則罰。〔註137〕

> 恃術而不恃信，……故有術之主，信賞以盡能，必罰以禁邪。

〔註131〕《韓非子·二柄》。
〔註132〕《韓非子·二柄》。
〔註133〕《韓非子·南面》。
〔註134〕《韓非子·二柄》。
〔註135〕均見《韓非子·二柄》。
〔註136〕《韓非子·八經》。
〔註137〕《韓非子·二柄》。

〔註138〕

　　　夫爲人主而身察百官，則日不足，力不給。且上用目，則下飾
　　觀；上用耳，則下飾聲；上用慮，則下繁辭。先王以三者爲不足，
　　故捨己能而因法數、審賞罰。〔註139〕

韓非認爲，「循名責實」，這是君主必須掌握的御臣之術。君主要有效地控制臣下，靠的是權術而不是信用。君主監控、考覈臣下，是根據臣下的職務、名分、言論去考察其行爲和政績，「循名實而定是非，因參驗而審言辭」，〔註140〕以促使其言行一致、職事相當，令其既不敢懈怠政事，也不敢逾越名分和職權。考覈之後，則須「必罰以明威，信賞以盡能」，〔註141〕以獎勤罰懶，賞忠禁奸，使「臣得陳其忠而不蔽，下得守其職而不怨」，〔註142〕君主得以牢牢地將臣下控制在股掌之中。

　　三是用人之道：

　　　任人以事，存亡治亂之機也。無術以任人，無所任而不敗。人
　　君之所任，非辯智則修潔也。任人者，使有勢也。智士者未必信
　　也。……修士者未必智。……故無術以用人，任智則君欺；任修則
　　君事亂，此無術之患也。明君之道，賤德義貴，下必坐上，決誠以
　　參，聽無門戶，故智者不得詐欺。計功而行賞，程能而授事，察端
　　而觀失，有過者罪，有能者得，故愚者不任事。智者不敢欺，愚者
　　不得斷，則事無失矣。〔註143〕

韓非認爲，把政事交給什麼人，誠然是國家存亡治亂的關鍵所在，但若君主在用人方面缺乏手段，那麼無論用什麼樣的人都會把事情弄壞。對有德者和有才者，君主要充分運用自己的威勢，有針對性地使出種種手段，對其進行監控和制約，令到聰明的人不敢欺騙君主，愚蠢的人不得處理政事。如此，國家可得到有效的治理，君主也不會受到來自臣下的威脅。

　　　明主之道，一人不兼官，一官不兼事。〔註144〕

〔註138〕《韓非子‧外儲說左下》。
〔註139〕《韓非子‧有度》。
〔註140〕《韓非子‧姦劫弑臣》。
〔註141〕《韓非子‧內儲說上七術》。
〔註142〕《韓非子‧姦劫弑臣》。
〔註143〕《韓非子‧八說》。
〔註144〕《韓非子‧難一》。

明君使事不相干，故莫訟；使士不兼官，故技長；使人不同功，

故莫爭。爭訟止，技長立，則強弱不角力，冰炭不合形，天下莫得

相傷，治之至也。〔註145〕

生活在二千多年前的韓非，對社會心理學和行政管理學已頗有研究心得，他
提出的君主對臣下授以職事（有如今之上級向下級安排工作、分配任務）時
需專職專任的原則和方法，既符合常人的心理狀態，又是高效的行政管理模
式，不失爲高明的用人之道。

明主使法擇人，不自舉也；使法量功，不自度也。〔註146〕

明君不自舉臣，臣相進也；不自賢，功自徇也。論之於任，試

之於事，課之於功，故群臣公政而無私，不隱賢，不進不肖。〔註147〕

韓非提醒君主，要避免憑主觀印象去提拔、任用大臣，應依法定程序來選擇
人才。對於經進薦並依法選定的人才，還要在任用中鑒別他們，在辦事中試
用他們，在功效上考覈他們，才可放心使用。

四是防禁姦邪的辦法：

姦邪滿側。〔註148〕

今天下無一伯夷，而姦人不絕世。〔註149〕

有道之主，不求清潔之吏，而務必知之術。〔註150〕

塞其姦者必王。〔註151〕

持「性惡論」的韓非，認爲姦人（姦臣）無處不在，無時不在，所以把禁奸
視爲維護和鞏固君權的重要方面，主張君土要努力掌握明察臣下姦邪言行的
方法，以塞其道。

是故禁姦之法，太上禁其心，其次禁其言，其次禁其事。〔註152〕

人主將欲禁姦，則審合刑名者，言與事也。〔註153〕

〔註145〕《韓非子・用人》。
〔註146〕《韓非子・有度》。
〔註147〕《韓非子・難三》。
〔註148〕《韓非子・揚權》。
〔註149〕《韓非子・守道》。
〔註150〕《韓非子・八說》。
〔註151〕《韓非子・心度》。
〔註152〕《韓非子・說疑》。
〔註153〕《韓非子・二柄》。

　　　　知下明，則禁於微；禁於微，則姦無積；姦無積，則無比周。
〔註154〕

韓非提出禁奸，是在對官員考察和責問的基礎上，實行綜合治理，從各種細微處做起。首先是監控叵測之人心，禁止邪惡的思想；其次是實行輿論控制，禁止邪惡的言論；再次是運用刑德二柄，禁止邪惡的行為。「二柄」之中，尤以刑罰為重：

　　　　有術之主，信賞以盡能，必罰以禁邪。〔註155〕

　　　　重其刑罰以禁姦邪。〔註156〕

　　　　釋法制而妄怒，雖殺戮而姦人不恐。……故至治之國，有賞罰
　　而無喜怒，故聖人極；有刑法而死，無螫毒，故姦人服。〔註157〕

　　　　有姦者必知，知者必誅。官不敢枉法，吏不敢為私。〔註158〕

　　　　「勢不足以化，則除之。」「賞之譽之，不勸；罰之毀之，不畏；
　　四者加焉不變，則其除之。〔註159〕

　　由上我們可看到，韓非對權術的研究，深刻而獨特，他在申不害「術」論的基礎上再創新的一整套關於君主之術的理論，具有可操作性，其效用竟長達二千多年。對此，後代學者總結道：「三代而後，申韓之說常勝。世之言治者，操其術而恒諱迹。余以為彼其盡納聖賢之旨，而獨能以其說擊排詆訾，歷千百年而不廢，蓋必有所以為韓非子者在矣，惡可忽哉，惡可忽哉！」〔註160〕「韓非子之書，世多以慘刻擯之，然三代而降，操其術而治者十九。」〔註161〕歷代統治者尤其是封建帝王對申韓之術的難捨難棄、陽諱陰用，在一定程度上影響了人們對法家文化主要內涵的認識，以致在現代學界也產生「韓非之書」「以術為先」的誤區。

〔註154〕《韓非子·難三》。
〔註155〕韓非子·外儲說左下》。
〔註156〕《韓非子·六反》。
〔註157〕《韓非子·用人》。
〔註158〕《韓非子·八說》。
〔註159〕《韓非子·外儲說右上》。
〔註160〕趙用賢：《韓非子書序》，陳奇猷《韓非子新校注》本，第1226頁，上海，上
　　　　海古籍出版社，2000。
〔註161〕周孔教：《重刻〈韓非子〉序》，張覺《韓非子導讀》本，第57頁，北京，中
　　　　國國際廣播出版社，2009。

　　以上不吝篇幅剖析韓非對權術的「貢獻」，意在說明古今眾多學者將「術」視為韓學的第一要義，將申韓之術作為法家學說的中心內容，並非全無道理，內中確實有較為複雜的緣由。但嚴格來說，這些道理並不充分，結論更不準確，其主要問題在於沒能抓住本質去理解法家學說的核心，沒有認清「術」對「法」的從屬地位，因而為韓非在「術」論方面的造詣所迷惑，得出偏頗之論。張舜徽先生曾指出：「《韓非子‧有度篇》曰：『國無常強，無常弱。奉法者強，則國強；奉法者弱，則國弱。』《韓非》此語，足以概法家精神而無遺。亦即『一斷於法』、『嚴而少恩』之旨也。」〔註162〕言簡意賅地點出了法家思想的精髓所在。筆者祈望，今後在對這一問題逐步達成共識的同時，研究法家的學者，能將更多的時間和精力投入以「法」為中心的商韓之學，將其作為法家研究的重點，將傳統法文化的發掘、研究與當代社會的改革發展緊密結合起來，不斷推進民主法制的建設，推進社會精神文明、政治文明向前邁進。

〔註162〕張舜徽：《周秦道論發微‧太史公論六家要指述義》，第335頁，武漢，華中師範大學出版社，2005。

第四章　儒法合流的歷史考察

　　儒法合流，是指中國傳統文化幾大流派中儒家和法家兩派在思想學術上尤其在政治上由原先相互對立、分庭抗禮到後來相互靠攏、部分融合的歷史演變。這一合流的取向從春秋起即見端倪，到戰國時由荀子奠定了合流的思想基礎，再到西漢才臻於完成。儒法兩家在秦漢年間曾先後有幸成為統治者在意識形態方面的專寵，他們的合流，既有理論的基礎、政治的原因，又有歷史的契機，對後世產生了深遠的影響。質言之，儒法合流乃中國思想史上的重要事件，值得認真考察和研究。

第一節　先秦時期的禮法之爭

　　「最原始最狹義的禮是祭祀的儀節。」〔註1〕先秦的「禮」，源於祭祀，孔子認為，「禮云禮云，玉帛云乎哉？樂云樂云，鐘鼓云乎哉？」〔註2〕即禮不僅指玉帛而言，樂不僅指鐘鼓而言，作為古代禮儀承載物的玉帛、鐘鼓，前者是禮物，後者是樂器，並不是禮樂之本，禮樂的本義在「敬」、在「和」。也就是說，到了周代尤其是春秋以降，「禮」已超出了禮儀的範疇，發展為行事規則、政治精神乃至典章制度、文化傳統，遂有「禮治」之稱。

　　以禮治為指導思想，周初周公提出了「明德慎罰」的方針，這一治國思想帶來了西周前期奴隸制的繁榮。然而好景不長，至厲王、幽王時，周王朝

〔註1〕何炳棣：《原禮》，載香港中文大學文化研究所：《二十一世紀》第十一期（1992年6月號）。
〔註2〕《論語・陽貨》，楊伯峻《論語譯注》本，北京，中華書局，1958。

遭受了致命的打擊。雖然仍遵循上述國策，卻不能挽救「禮崩樂壞」、周室衰落的命運。先是周鄭交惡，桓王被射傷；繼而五霸爭盟，天子反被諸侯所召；再後七國稱雄，天子完全淪爲擺設。這一系列事實，不能不引起思想家們的反思，社會的動盪變革引出了禮法之爭。

禮法之爭，始於春秋後期鄭國子產的「鑄刑書」和晉國趙鞅的「鑄刑鼎」。作爲政治家的子產，雖然重視傳統「禮治」的作用，但也認識到要理順新的社會秩序已非「禮治」所能奏效，必需嘗試另一種方式，即以法治國。於是在他執政的第六年即鄭簡公三十年（前536年），將刑書鑄在鼎上置於城中繁華處，開了古代公佈成文法的先例，這是中國古代政治制度史上的特大事件之一。這一舉措在當時必然引起軒然大波，晉國大夫叔向首先發難，詒書譏之：「昔先王議事以制，不爲刑辟，懼民之有爭心也。猶不可禁禦，是故閑（防）之以義，糾之以政，行之以禮，守之以信，奉之以仁。……民知有辟，則不忌於上；並有爭心，以徵於書，而徼倖以成之，弗可爲矣！」子產回應曰：「若吾子之言，僑不才，不能及子孫，吾以救世也。既不承命，敢忘大惠。」〔註3〕叔向以「先王議事以制，不爲刑辟」爲由，主張奉周禮治國，極力反對子產公佈法令。子產則認爲公佈法令爲救亂世之舉，無可指責。

然而令叔向始料不及的是，在子產「鑄刑書」的二十五年後，晉國也發生了類似的事件。魯昭公二十九年（前513年），「多，晉趙鞅、荀寅帥師城汝濱，遂賦晉國一鼓鐵，以鑄刑鼎，著范宣子所爲刑書焉。」孔子得知後，亦譏之曰：「晉其亡乎，失其度矣。夫晉國將守唐叔之所受法度，以經緯其民，卿大夫以序守之。民是以能尊其貴，貴是以能守其業。貴賤不愆，所謂度也。……今棄是度也，而爲刑鼎，民在鼎矣，何以尊貴？貴何業之守？貴賤無序，何以爲國？且夫宣子之刑，夷之蒐也，晉國之亂制也，若之何以爲法？」〔註4〕

春秋戰國時期的歷史，在意識形態上是由「禮治」到「法治」逐漸轉變的歷史。春秋前期和中期，禮治思潮尚佔據主導地位。春秋後期，亦即子產和孔子生活的時代，「法治」思想開始出現，叔向、孔子對子產、趙鞅革新之猛烈抨擊，反映了這一時期「法治」與「禮治」的激烈碰撞。然而，順應社會思潮的變化，一向推崇「禮治」的孔子也開始認識到「法治」的某些作用，

〔註3〕《左傳》「昭公六年」，杜預集解本，上海，上海古籍出版社，2015。
〔註4〕均見《左傳》「昭公二十九年」。

從而提出了「德主刑輔」說，主張「道之以政，齊之以刑，民免而無恥；道之以德，齊之以禮，有恥且格。」〔註5〕

　　及至戰國前期，基本上不存在儒法兩家的禮法之爭，甚至儒法兩家的重要人物還能和睦相處，共輔明主，最典型者爲魏國。其時，由於魏文侯禮賢下士，各方英傑慕名歸之，儒有子夏、田子方、段干木，法有李悝、吳起。他們之間往往還能相互學習，如李悝、吳起都曾拜子夏爲師（錢穆先生甚至據此認爲：「人盡誇道鞅政，顧不知受之於李吳。人盡謂法家源於道家，顧不知實淵源於儒家。」見錢著《先秦諸子繫年》第264頁，北京，商務印書館，2001）。因爲有這些名顯當時的儒法人才共同輔佐，魏文侯在位五十年魏國都是最強大的國家。這或可稱爲儒法合流之濫觴。

　　到了戰國中期，卻又換作另一番景象，禮法之爭再度異常激烈。這一時期，儒法兩家各出了一位大師即孟柯和商鞅，二人都曾有被魏國青睞、重用的機會，無奈後者雖受魏國重臣公孫座極力推薦，卻遭魏惠王棄用；前者雖得以與魏惠王近距離接觸、傾談，然而話不相投，難有共同語言。之後，商鞅棄魏入秦，「秦用商君，富國強兵。」孟柯由魏到齊，遊事齊宣王，但「宣王不能用」。〔註6〕「濟濟多士，文王以寧，」〔註7〕在知人善任方面，齊宣王尤其是魏惠王比周文王、魏文侯差多了，硬生生讓儒法兩位高人從自己眼皮底下走過而未予以重用，在「諸侯並爭，厚招遊學」〔註8〕的時代，可謂悲哉惜哉。

　　戰國中期的禮法之爭，正是主要在孟柯和商鞅之間進行的。史籍中並沒有他們正面爭論的記載，他們也不曾像現代學者那樣通過信函的方式進行論辯。他們的論爭只是以自己的學說批駁對方陣營的觀點而已。

　　孟子傳孔子之學，進一步發展了「禮治」思想。與法家的「重刑主義」針鋒相對，孟子以性善論爲基礎，將孔子的「仁」發展爲「仁政」。他認爲，「以不忍人之心，行不忍人之政，治天下可運之掌上。」孟子強調仁義是治國的基本依據，反對單純使用暴力，主張依靠道德教化去爭取民眾。「以德行仁者王。……以德服人者，中心悅而誠服也。」〔註9〕「得道者多助，失道者

〔註5〕《論語・爲政》。
〔註6〕均見《史記・孟子荀卿列傳》。
〔註7〕《詩經・大雅・文王》，陳小輝《詩經譯注》本，北京，商務印書館，2015。
〔註8〕《史記・秦始皇本紀》。
〔註9〕均見《孟子・公孫丑上》。

寡助。」〔註10〕針對當時法家對民眾重刑濫殺的現象，孟子提出了「省刑罰，薄稅斂，」「不嗜殺人」〔註11〕的主張。同時爲了避免暴政，主張聖君賢臣治國，「是以惟仁者宜在高位，不仁而在高位，是播其惡於眾也。」〔註12〕

　　商鞅挾李悝《法經》去魏入秦，遊說孝公而被重用。作爲法家代表人物的商鞅，提出「變法更禮」〔註13〕，堅決反對傳統的禮治，主張任法而治。他將儒家的經典及思想主張貶爲六虱：「六虱：曰禮、樂，曰《詩》《書》，曰修善、孝悌，曰誠信、貞廉，曰仁、義，曰非兵、羞戰。國有十二者，上無使農戰，必貧至削。」〔註14〕並強調「仁者能仁於人，而不能使人仁。義者能愛於人，而不能使人愛。是以知仁義不足以治天下也。」〔註15〕商鞅力主突出「法治」的作用，極力否認「禮治」的意義，提出「以刑去刑」〔註16〕來替代儒家「以德去刑」的主張，甚至認爲「德生於刑，」〔註17〕「殺刑之反於德，而義合於暴。」〔註18〕

　　戰國後期的禮法之爭，其激烈程度有所緩和。這時的儒法兩位大家荀子和韓非是師徒關係。誠然這種師徒關係並不是論爭緩和的原因，只是因爲荀子站在更高的角度，適應戰國末期的新形勢，以「禮」爲基礎，對法家之法進行批判性的吸收，並在吸收中改造了孔孟之禮。荀子的政治思想，乃以「廣義的禮爲基礎，合以性惡之說，而蔚爲一家之言。」〔註19〕針對當時七國爭雄的局面，荀子規勸君主，要想稱霸諸侯，統一天下，就得禮法兩手並用，「君人者，隆禮尊賢而王；重法愛民而霸。」〔註20〕「治之經，禮與刑，君子以修百姓寧。明德慎罰，國家既治四海平。」〔註21〕不過，荀子雖引法入禮使禮法在治國上統一，但他畢竟是位儒家大師，在禮法之間他仍然將禮擺在首

〔註10〕《孟子‧公孫丑下》。
〔註11〕《孟子‧梁惠王上》。
〔註12〕《孟子‧離婁上》。
〔註13〕參看《商君書‧更法》。
〔註14〕《商君書‧靳令》。
〔註15〕《商君書‧畫策》。
〔註16〕《商君書‧靳令》。
〔註17〕《商君書‧說民》。
〔註18〕《商君書‧開塞》。
〔註19〕蕭公權：《中國政治思想史》，第67頁。
〔註20〕《荀子‧天論》《新編諸子集成續編》收梁啓雄《荀子簡釋》本，北京，中華書局，1983。
〔註21〕《荀子‧成相》。

位，認爲禮是法的綱領和基礎：「禮者，法之大分而類之綱紀也，」〔註22〕「禮義生而製法度，」〔註23〕並強調「禮」是治國的最好方式：「禮者，治辯之極也，強國之本也，威行之道也，功名之總也。」〔註24〕

　　再看韓非，雖曾師事荀子，但卻對儒家的「禮治」並無多少好感，「而喜刑名法術之學，其歸本於黃老。」〔註25〕他吸收了荀子「性惡論」的某些觀點，繼承了前期法家的思想，形成了自己系統的法治理論，對儒家持嚴厲批評的態度。韓非雖然在某些特殊情況下對「禮」也持　分爲二的態度（見本章下文），但總體來說他對儒家的「仁義」是頗爲鄙視的：「夫智，性也；壽，命也。性命者，非所學於人也。……以仁義教人，是以『智與壽』說也，有度之主弗受也。故善毛嬙、西施之美，無益吾面；……言先王之仁義，無益於治。故明主……不道仁義」。〔註26〕他認爲「法治」勝於「禮治」，仁義禮治是有名無實的空話，若「美仁義之名而不察其實，是以大者國亡身死，小者地削主卑」，必然造成「暴亂者不止」而「無功得賞」，「姦私之臣愈眾，而暴亂之徒愈勝，不亡何待！」〔註27〕只有法令最有效，因「威勢之可以禁暴，而德厚之不足以止亂」，「故不務德而務法。」〔註28〕

　　春秋戰國時期的禮法之爭，可謂波浪式發展。她始於春秋後期，戰國前期較爲沉寂，戰國中期則異常激烈，而戰國後期卻又相對緩和。爲何會出現這種情況？因爲春秋前期和中期，受周禮的影響，德禮思潮風行一時，學術思想長期沉澱，同時，德禮思潮的經濟基礎井田制還處於瓦解之前的穩定狀態。到了春秋後期，由於私田開墾的增多，各國開始改革賦稅制度，井田制開始動搖，新興地主階級出現，他們須在法律上去保障自己剛取得的權益，於是出現了禮法的初次碰撞。然而新興地主階級畢竟處於幼年時期，力量還非常弱小，對社會的變動難以產生支配的作用。所以戰國前期法家尚不能對禮治產生強大的衝擊力，甚至還需借助儒家禮治的資源，慎到和吳起對禮和德就曾有很好的掌握和運用。戰國中期，井田制土崩瓦解，私田制業已建立，新興的地主階級勢力

〔註22〕《荀子・勸學》。
〔註23〕《荀子・性惡》。
〔註24〕《荀子・議兵》。
〔註25〕《史記・老莊申韓列傳》。
〔註26〕《韓非子・顯學》。
〔註27〕均見《韓非子・姦劫弒臣》。
〔註28〕均見《韓非子・顯學》。

日見強大，有了強大後盾的法家也開始強勢出擊。陷入困境的沒落奴隸主貴族
猶實行最後的頑抗，其思想代言人儒家也以筆代刀進行軟弱無力的反擊。主張
「夫仁政，必自經界始」〔註29〕的孟子必然對「暴君污吏慢其經界」〔註30〕極
度不滿。然而這種不滿和反對，在強勢的法家面前，顯得十分蒼白。法家在各
國所取得的成就折射出禮治思想面臨的全面危機。基於這一認識，戰國後期荀
子高屋建瓴全面審視禮法思想，爲了適應新的政治形勢的發展，在不改變自己
基本立場的前提下，提出了以禮爲主禮法結合的主張，成爲後來二千多年封建
統治方針「外儒內法」理論的奠基者。正如譚嗣同所說：「二千年來之政，秦
政也，皆大盜也；二千年來之學，荀學也，皆鄉愿也。」〔註31〕

　　荀子禮法結合的思想實際上是政治統一前夕思想統一的萌芽。然而此時
的韓非仍然繼續批判儒家禮治主張，不過這已是先秦時期禮法之爭的尾聲。
從階級層面來說，顯示了新興地主階級決不退讓的立場；從歷史層面來說，
它爲以後在統一政權下建立君主專製作了理論上的鋪墊。關於荀子禮法結
合、王霸一體的宏論，我們將在下文詳加介紹。

第二節　儒法合流的源頭

一、先秦儒法二家在政治思想上的共性

　　儒家在春秋時期業已形成，自不必說。法家雖形成於戰國，但其濫觴於
春秋，也爲史家所認同。儘管儒家和法家是基本理論、學術風格迥異的兩個
學派，但在其創立時期，也可找到這兩大學術流派的某些共同點。

　　《管子》作爲春秋管仲學派的著作彙編，其內容包羅萬象，博大精深。
在該書中，儒法合流的端倪已可見到。

　　管仲是法家的先驅，《管子》中有《法禁》、《重令》、《法法》、《任法》、《明
法》、《正世》等篇目專門究論法理，是法家「以法治國」思想之濫觴。故後
來韓非將其與商鞅之法緊密聯繫，雙提並論：「今境內之民皆言治，藏商、管
之法者家有之。」〔註32〕唐代張守節《史記正義》引西漢劉歆《七略》亦稱

〔註29〕　《孟子·滕文公上》。
〔註30〕　《漢書·食貨志》。
〔註31〕　譚嗣同：《仁學·二十九》。
〔註32〕　《韓非子·五蠹》。

「《管子》十八篇，在法家。」

與此同時，儒家思想的痕跡在《管子》中亦處處可見：

「國有四維……一曰禮，二曰義，三曰廉，四曰恥。」「四維不張，國乃滅亡。」「倉廩實則知禮節，衣食足則知榮辱。」〔註33〕

上下有義，貴賤有分，長幼有等，貧富有度，凡此八者，禮之經也。故上下無義則亂，貴賤無分則爭，長幼無等則倍，貧富無度則失（佚）。上下亂，貴賤爭，長幼倍，貧富失（佚），而國不亂者，未之嘗聞也。是故聖王飭此八禮，以導其民。八者各得其義，則為人君者，中正而無私；為人臣者，忠信而不黨；為人父者，慈惠以教；為人子者，孝悌以肅；為人兄者，寬裕以誨；為人弟者，比順以敬；為人夫者，敦懞一固；為人妻者，勸勉以貞。夫然，則下不倍上，臣不弒君，賤不逾貴，少不陵長，遠不間親，新不間舊，小不加大，淫不破義。凡此八者，禮之經也。夫人必知禮然後恭敬，恭敬然後尊讓，尊讓然後少長貴賤不相逾越，少長貴賤不相逾越，故亂不生而患不作。故曰：禮不可不謹也。〔註34〕

這樣的論述，皆與儒家的主張毫無二致（誠然，《管子》中還有濃厚的道家思想，《漢書‧藝文志》即把「管子八十六篇」著錄在「道家」，此處從略）。

最為難得的是，《管子》在闡述法家思想的同時，能有意識地將儒家的思想兼收並蓄，禮法並用，法教兼重，王霸共存，將法與教、刑與德、霸與王統一起來，既稱其力（強力、實力），也稱其德。〔註35〕這類論述，在《管子》中俯拾皆是：

正法直度，罪殺無赦，殺僇必信，民畏而懼……法天合德，象地無親。〔註36〕

「厚愛利足以親之，明智禮足而教之，上身服以先之，審度量以閒之，鄉置師以說道之。然後申之以憲令，勸之以慶賞，振之以刑罰。」「教訓成俗而刑罰省。」〔註37〕

〔註33〕《管子‧牧民》。

〔註34〕《管子‧五輔》。

〔註35〕孔子曰：「驥，不稱其力，稱其德也。」（《論語‧憲問》）足見其重德輕力。法家「任其力，不任其德」（《商君書‧錯法》）的觀點與儒家可謂針鋒相對。

〔註36〕《管子‧版法》。

〔註37〕《管子‧權修》。

群臣不用禮義教訓則不祥,百官服事者離法而知則不祥。〔註38〕
在管仲學派看來,禮和法都是維護封建等級制度的統治術,二者並不是對立的,而是相輔相成,皆不可偏廢。誠如後世賈誼所言,「夫禮者禁於將然之前,而法者禁於已然之後」,〔註39〕二者是不可相互替代的。從《管子》的論述中可知,主張採取禮法並用的統治術,是管仲學派政治思想的基本特徵。〔註40〕

在人們的印象中,儒家推崇王道,主張施行禮義、仁政,以德治國;法家推崇霸道,抨擊禮制,主張推行強權威勢,以法治國。前者厚古薄今,後者厚今薄古,兩家似乎針尖對麥芒而各執一端。然而,細究之下可發現,儒家對「法」並非全無通融的空間,法家中也有人主張有條件地保留「禮」;而「王」「霸」之間也並非完全對立。荀子的「隆禮重法」和「王霸一體」思想,正是在此基礎上的集成和融合。

1、禮與法

抱法處勢、以法治國是法家的根本主張,所謂「法令者,民之命也,爲治之本也。」〔註41〕在法家的心目中,「法」是取捨一切事物、判別一切是非的準繩,「言不中法者,不聽也;行不中法者,不高也;事不中法者,不爲也。」〔註42〕

儒家雖然不曾將「法」的地位提升到法家那樣的高度,但對於「法」並不排斥,在突出德治、禮制的同時,對「刑」、「罰」、「法」等在國家政治中的地位和作用多有認同:

> 刑罰不中,則民無所措手足。〔註43〕

> 「不以規矩,不能成方圓。」「徒善不足以爲政,徒法不能以自行。」「上無道揆也,下無法守也,朝不信道,工不信度,君子犯義,小人犯刑,國之所存者,幸也。」〔註44〕

> 治之經,禮與刑。〔註45〕

〔註38〕《管子・任法》。
〔註39〕《漢書・賈誼傳》。
〔註40〕參看任繼愈主編:《中國哲學發展史(先秦)》,第360至365頁。
〔註41〕《商君書・定分》。
〔註42〕《商君書・君臣》。
〔註43〕《論語・子路》。
〔註44〕均見《孟子・離婁上》。
〔註45〕《荀子・成相》。

「待師法然後正，得禮義然後治。」「立君上之執以臨之，明
禮儀以化之，起法正以治之，重刑罰以禁之，使天下皆出於治，合
於善也。」〔註46〕

對於儒家的「禮」，法家也曾有條件地接納，沒有將其完全視爲「法」的
對立面。管子自不必說，即如法家的核心人物商鞅、韓非等，談及「禮」時
也頗爲客氣，甚至認爲「禮」也是不可或缺的治國基本手段之一。

中期法家的代表人物之一慎到認爲，在治埋國家的重要手段中，法與禮
是雙軌並行的。他曾指出：「法制禮籍，所以立公義也。凡立公所以棄私也。
明君動事分功必由慧，定賞分財必由法，行德制中必由禮。」〔註47〕這種認
識水平，與管子十分相近。

作爲法家嚴整理論體系的奠基者，作爲變法運動的設計師和組織領導
者，商鞅的政治主張和政治實踐都是緊緊圍繞一個「法」字而展開的，「秉權
而立，垂法而治」〔註48〕即君主專制和依法治國，在其政治觀念中始終佔據
最最重要的位置。與孔子的「上好禮」〔註49〕相對應，商鞅提出的是「君好
法。」〔註50〕認爲「禮樂，淫佚之征也。」〔註51〕

但是，商鞅又曾提出「禮者，所以便事也，」在一定程度上承認禮在現
實中存在合理性和必要性；同時，他又主張「當時而立法，因事而制禮」，
〔註52〕即審時度勢地建立法度，修訂禮制。那麼，他對「法」與「禮」的
關係是如何認識的呢？在《商君書》中有這麼兩段論述：

三代不同禮而王，五霸不同法而霸。故知者作法，而愚者制焉；
賢者更禮，而不肖者拘焉。拘禮之人，不足與言事；製法之人，不
足與論變，君無疑矣。……禮法以時而定，制令各順其宜。〔註53〕

效於古者，先德而治；效於今者，前刑而法。〔註54〕

〔註46〕《荀子・性惡》。
〔註47〕《慎子・威德》，姜玉山、呂慶業主編《中國法家文化名著》本，延邊大學出
　　　　版社，1995。
〔註48〕《商君書・壹言》。
〔註49〕《論語・憲問》。
〔註50〕《商君書・修權》。
〔註51〕《商君書・說民》。
〔註52〕均見《商君書・更法》。
〔註53〕《商君書・更法》。
〔註54〕《商君書・開塞》。

由此可知，商鞅並非絕對否定禮法制度，只是強調要審時度勢對其實行改革和變更，即把先王的禮法制度改造為法家新創的律令之法，以法定之禮（制度之禮）取代儒家的道德之禮。

何謂「法定之禮」？譬如，儒家禮制的本質在於維護貴賤等級，所謂「禮義立，則貴賤等矣。」〔註55〕其禮儀之本在於將「君臣、上下、父子、兄弟、內外、大小」〔註56〕的名分嚴格區分開來。

對於禮的這一本質，荀子曾以一個「分」字來高度概括：

> 「人何以能群？曰：分。分何以能行？曰：義。」「先王惡其亂，
> 故制禮義以分之。」〔註57〕

但「分」並非儒家的專利，商鞅也重視名分，在《商君書》中有《定分》篇，主張通過法令將人們的名分、地位、財產權等確定下來，這種以律令形式確立和保護的「分」，就是「法定之禮（制度之禮）」。

商鞅之後，作為法家理論集大成者的韓非，在其論著中似乎也曾相當客氣地談及禮的作用：

> 行僻自用，無禮與諸侯，則亡身之至也。〔註58〕
>
> 國小無禮，不用諫臣，則絕世之勢也。〔註59〕
>
> 國小而不處卑，力少而不畏強，無禮而侮大鄰，貪愎而拙交者，
> 可亡也。〔註60〕
>
> 簡侮大臣，無禮父兄，勞苦百姓，殺戮不辜者，可亡也。〔註61〕

但我們還是應當清晰地看到，韓非對禮的認識，畢竟主要還是集中反映在《韓非子·解老》篇對《老子》「上禮為之而莫之應，則攘臂而扔之」、「失道而后德，失德而後仁，失仁而後義，失義而後禮」、「夫禮者，忠信之薄，而亂之首」〔註62〕等章句的訓釋，有如下引：

> 禮者，所以貌情也，群義之文章也。君臣父子之交也，貴賤賢

〔註55〕《禮記·樂記》。
〔註56〕《左傳》「襄公三十一年」。
〔註57〕均見《荀子·王制》。
〔註58〕《韓非子·十過》。
〔註59〕《韓非子·十過》。
〔註60〕《韓非子·亡徵》。
〔註61〕《韓非子·亡徵》。
〔註62〕均見《老子》第38章。

不肖之所以別也。……禮者，外飾之所以諭內也。

　　眾人之爲禮也，以尊他人也，故時勸時衰。君子之爲禮，以爲
其身；以爲其身，故神之爲上禮。

　　禮者，義之文也。

　　禮爲情貌者也，文爲質飾者也。

由此可看出，在這裏，韓非對「禮」是持一分爲二之態度的。一方面，他從
正面對儀節行爲之禮表示讚賞，另一方面，他又認爲，禮是內心情感的一種
外在表現，（然而）當禮成爲繁文縟節、徒具形式而失去其本質時，就會變作
老子所說的「忠信之薄」和「亂之首」，反而成爲負面的東西。劉澤華先生所
說「韓非是法家的集大成者，對仁愛進行了猛烈的抨擊，但對禮卻另眼相待，
認爲禮也是治國所不可缺少的。」〔註63〕恐僅僅是從這一意義上提出的。

2、王與霸

　　曹大林先生認爲，「王道與霸道問題實質上是用何種政治（統治）形式統
一中國的問題」，它「同禮治（在孟子的說法是仁政）與法治（確切說是刑治）
問題緊密相關」。〔註64〕「王」和「霸」前者厚古薄今，後者厚今薄古，似乎
分別爲儒、法二家的專利，但實際上並不是鐵板一塊，從管仲詮釋「霸王之
術」〔註65〕爲「通德者王，謀得兵勝者霸」，〔註66〕定義「豐國之謂霸，兼正
之國之謂王」，〔註67〕已能看出王霸或可兼用。及至荀子，王霸一體化的趨向
更爲明顯，爲漢代的儒法合流奠定了理論基礎。

　　王道和霸道作爲一對政治概念，是由孟子提出的：「以力假仁者霸，霸必
有大國；以德行仁者王，王不待大，湯以七十，文以百里。以力服人者，非
心服也，力不贍也；以德服人者，中心悅而誠服也，如七十子之服孔子也。」
〔註68〕他認爲，借仁義之名，依恃武力威懾征服爲霸道；行仁政，重德治使
民心歸附而平治天下是王道。霸道「奪其民時，使不得耕耨以養其父母。父
母凍餓，兄弟妻子離散……陷溺其民。」而王道則「施仁政於民，省刑罰，

〔註63〕劉澤華：《中國傳統政治思想反思》，第82頁，北京，三聯書店，1987。
〔註64〕曹大林：《中國傳統文化探源——先秦儒墨法道比較研究》，第131頁。
〔註65〕《管子·問》。
〔註66〕《管子·兵法》。
〔註67〕《管子·霸言》。
〔註68〕《孟子·公孫丑上》。

薄稅斂，深耕易耨；壯士以暇日修其孝悌忠信，入以事其父兄，出以事其長上」。故百姓心悅誠服，樂為之用，「可使制梃以撻秦楚之堅兵矣」。〔註69〕顯而易見，孟子是主張尊王黜霸的。

王道和霸道雖至孟子才相提並論，但在此之前，孔子的言行已常與王道相伴：

> 孔子曰：吾觀於鄉而後知王道之易易也。〔註70〕

> 至周厲王……亂自京師始，而共和行政焉。是後或力政，強乘弱，興師不請天子。然挾王室之義，以討伐為會盟主，政由五伯，諸侯恣行，淫侈不軌，賊臣篡子滋起矣。……是以孔子明王道，干七十餘君，莫能用，故因觀周室，論史記舊聞，興於魯而次春秋，上記隱、下至哀之獲麟，約其辭文，去其煩重，以制義法，王道備，人事浹。〔註71〕

> 孔子閔王道將廢，乃修六經，以述唐虞三代之道，弟子受業而通者七十有七人。是以其民好學，上禮義，重廉恥。〔註72〕

在春秋時期，王道是對西周文王、武王統治時期理想社會制度的概括，是推行仁政所欲達到的理想境界；霸道，則主要指春秋五霸推行的政治。孔子無疑是推崇王道並以其為最高理想的，但他並不絕對排斥霸道。對於霸道的代表人物管仲，孔子是有褒有貶，且褒多於貶，他對齊桓公、管仲的以「尊王」行仁，以「攘夷」行霸，持一種欣賞的態度：「晉文公譎而不正，齊桓公正而不譎。」「子曰：管仲相桓公，霸諸侯，一匡天下，民到於今受其賜；微管仲，吾其被髮左衽矣。」「子曰：桓公九合諸侯，不以兵車，管仲之力也。如其仁！如其仁！」〔註73〕

對稱霸西戎的秦穆公，孔子的評價也相當高：

> 秦，國雖小，其志大；處雖辟，行中正。身舉五羖，爵之大夫，起累紲之中，與語三日，授之以政。以此取之，雖王可也，其霸小矣。〔註74〕

〔註69〕均見《孟子・梁惠王上》。
〔註70〕《禮記・鄉飲酒義》。
〔註71〕《史記・十二諸侯年表》。
〔註72〕《漢書・地理志下》。
〔註73〕均見《論語・憲問》。
〔註74〕《史記・孔子世家》。

　　然而，為什麼到了孟子，對霸道竟如此嫉如仇惡，將其與王道截然對立；而到了荀子，又能兼容王道和霸道，將二者融入一體？這是下文要著重解決的兩個問題。

　　孟子推崇王道，主張施行仁政，思想基礎在於其性善論。

　　王道和霸道，本分別以性善論和性惡論為基石。性善論是孟子王道思想亦即仁政學說的理論基礎，在春秋戰國時期，孟子第一個系統提出了人性善的理論，他認為，人的道德品質，如仁義禮智等，是與生俱來的本性。以下幾段話，是孟子對人性本善的經典論述：

> 人性之善也，猶水之就下也。人無有不善，水無有不下。〔註75〕

> 惻隱之心，人皆有之；羞惡之心，人皆有之；恭敬之心，人皆有之；是非之心，人皆有之。惻隱之心，仁也；羞惡之心，義也；恭敬之心，禮也；是非之心，智也。仁義禮智，皆由外鑠我也，我固有之也，弗思耳矣。〔註76〕

> 君子所性，雖大行不加焉，雖窮屈不損焉，分定故也。君子所性，仁、義、禮、智根於心，其生色也睟然，見於面，盎於背，施於四體，四體不言而喻。〔註77〕

　　孟子所處的戰國時代，七雄爭戰、詐偽並起、民不聊生，他看到的是一個「爭地以戰，殺人盈野；爭城以戰，殺人盈城。」〔註78〕「民之憔悴虐政，未有甚於此時」〔註79〕的亂世。基於其性善論，孟子推出了仁政學說和王道思想。既然人性是善的，人具有仁、義、禮、智等道德倫理，那麼把人的這些本性挖掘出來，發揚光大，使之普及，實行仁政的思想基礎也就具備了。

　　對於孟子所提仁政的主要內容及實現途徑，往者多有歸納和詮釋，無庸贅述。此處只著重分析在對待「霸道」的態度上，為何孟子比之孔子發生了較大的變化。

　　如前所述，孔子之所以對霸道尚能認可，主要基於對齊桓公和管仲霸業的認識和在一定範圍內的認可。按後來孟子給出的「以力假仁者霸」及「以

〔註75〕《孟子・告子上》。
〔註76〕《孟子・告子上》。
〔註77〕《孟子・盡心上》。
〔註78〕《孟子・離婁上》。
〔註79〕《孟子・公孫丑上》。

德行仁者王」的定義，「王道」與「霸道」的關係，實質上是「德治」與「力治」的關係。在治理國家、改造社會方面，儒家強調德的教化作用，以服民心；而法家則崇尚強力，以治臣民。對於「德」和「力」，作爲儒家開山祖的孔子，自然更看重「德」，他曾以良馬作比方，表露「德」和「力」在自己心中的位置：「驥，不稱其力，稱其德。」〔註80〕孔子之所以對「力」不完全排斥，是因爲在「禮樂征伐自諸侯出」〔註81〕的春秋末期，王道衰微，單靠德治已難以匡正天下，齊桓公和管仲「尊王攘夷」之霸業，在周天子政令不通的特定條件下，可謂順應歷史潮流，爲各方（含苟然殘喘的周王朝、覬覦霸位的諸侯大國、尋求保護但求相安的諸侯小國等）所接受和歡迎。孔子看到了霸業在這一特定歷史時期存在的合理性及所發揮的積極作用，故在主張德治、積極宣傳王道的同時，也能在一定程度上部分接受和容納霸道，以致他在魯國執政之數月，曾被齊人誤認爲他也是霸道的推行者：

> 定公十四年，孔子年五十六，由大司寇行攝相事……誅魯大夫亂政者少正卯。與聞國政三月，鬻羔豚者弗飾賈；男女行者別於途；途不拾遺；四方之客至乎邑者不求有司，皆予之以歸。齊人聞而懼，曰：「孔子爲政必霸，霸則吾地近焉，我之爲先並矣，盍致地焉？」〔註82〕

「孔子爲政必霸」，看似政治笑話，但從一個「懼」字，可知齊人之語決非戲言，由此可窺見孔子在一定程度上兼容霸道之一斑。

孟子所處的戰國中期，是一個大變革、大戰亂的年代，經過連年的兼併戰爭，業已形成秦、楚、齊、燕、韓、趙、魏七國爭雄的局面，尤其是秦、楚、齊三個大國，更是極力謀求霸權，以進而君臨華夏，統一全中國。爲了圖存爭霸，七國都在不同程度上進行以重法、重農、重兵爲主要內容的變法，以增強爭戰的實力。變革和爭戰爲未來中央集權封建帝國的建立奠定了基礎，同時也使廣大人民遭受著巨大的痛苦。在嚴刑峻法下，絕大多數人民不但未能從政治經濟的改革中得到實惠，反而在經濟、軍事等方面承受了巨大的犧牲。對此，當時的兵家孫武曾作如是描述：

> 凡興師十萬，出征千里，百姓之費，公家之奉，日費千金。內外騷動，怠於道路，不得操事者，七十萬家。〔註83〕

〔註80〕 《論語‧憲問》。
〔註81〕 《論語‧季氏》。
〔註82〕 《史記‧孔子世家》。
〔註83〕 《孫子兵法‧用間》，郭化若《孫子兵法譯注》本，上海，上海古籍出版社，

　　孟子恪守三代尊王崇禮的正統觀念，曾抨擊春秋時代的五霸稱雄、諸侯兼併爲「春秋無義戰」。〔註84〕但他與孔子相似，認爲五霸雖然違背了先王的禮制，有僭越行爲，但尚能在一定程度上遵守禮法，尊賢使能，體恤民情，發展生產，並要求同盟之國恢復友好，嚴禁彼此攻伐，還有可取之處和值得稱道的地方。然而對於只看重武力和權謀，一味通過兼併戰爭「闢土地，充府庫」〔註85〕的戰國諸侯，孟子則全盤否定，一點也不認同。換言之，雖然同樣是把霸道作爲王道的對立面，但在孟子的心目中，對春秋五霸與戰國諸侯批判的嚴厲程度是有所區別的：

　　　　　五霸者，三王之罪人也；今之諸侯，五霸之罪人也。〔註86〕

　　與孔子相比，孟子所處的時代背景有兩點不同，相應地，其王道主張也與孔子有兩點不同：

　　第一，孔子處在奴隸社會末期的西周，念念不忘的是「從周」，倡導王道意在恢復奴隸制；孟子生活在封建社會初期，爲建立統一的封建中央集權而努力，倡導王道旨在統一天下，建立新的王朝。儘管孟子的學說在當時不受各國統治者的青睞，但在日後漫長的封建社會中，歷代統治者接受他的王道、仁政主張的卻大有人在。

　　第二，戰國「七雄」比春秋「五霸」更看重「力」而鄙視「德」，他們與儒家的政治理想和治國理念格格不入，在觀念、制度、風尚諸方面都與春秋時期相去甚遠。對此，顧炎武曾入木三分地評之曰：

　　　　　春秋時，猶尊禮重信，而七國則絕不言禮與信矣。春秋時，猶宗周王，而七國則絕不言王矣；春秋時，猶嚴祭祀，重聘享，而七國則無其事矣；春秋時，猶論宗姓氏族，而七國則無一言及之矣；春秋時，猶宴會賦詩，而七國則不聞矣；春秋時，猶有赴告策書，而七國則無有矣。邦無定交，士無定主，此皆變於一百三十三年之間。史之闕文，而後人可以意推者也。不待始皇之併天下，而文武之道盡矣。〔註87〕

　　在歷史的轉折時期，孟子以其深邃的學術思辨和敏銳的政治思想，洞察

2012。
〔註84〕《孟子‧盡心下》。
〔註85〕《孟子‧告子下》。
〔註86〕《孟子‧告子下》。
〔註87〕顧炎武：《日知錄‧周末風俗》，上海，商務印書館，1933。

「德治」與「力治」的對立，以儒家的「仁」爲眞理標準，定義「霸」爲「以力假仁」，「王」爲「以德行仁」，將孔子的仁學進一步發揚光大，以仁政學說爲核心拓展了王道的外延，因之對霸道持嚴厲批判的態度。

如上所述，春秋時期及戰國初年，儒、法兩家在禮與法、王道與霸道的問題上雖分庭抗禮，但也往往有兼容和互補的情形。只是到了孟子，雙方在認識和實踐中的矛盾和衝突才尖銳和緊張起來。然而出人意表的是，比孟子稍晚，處於戰國後期的另一位儒學大師荀況，竟能以其深厚的功力，辨章學術，在儒法合流的歷史進程中起到非凡的作用，下乃專節討論之。

二、禮法結合、王霸一體理論的奠基者──荀況

「（齊）威、宣之際，孟子、荀卿之列，咸遵夫子之業而潤色之，以學顯於世。」〔註88〕作爲儒學大師，荀子與孔、孟一樣，把以禮義、仁政爲核心內容的王道作爲自己的最高政治理想。但由於他所處戰國後期的形勢已與孟子時發生了很大的變化，在兼併戰爭愈演愈烈，統一天下者呼之欲出的情況下，離開強力和霸道去談統一問題，不啻於空談。荀子正是審時度勢，清醒地認識到，指望那些實力強大的諸侯純粹實行王道，幾乎是不可能的事，但若實行經他改造過的與王道相結合的霸道，也可殊途同歸，一統天下。

1、荀子的「隆禮重法」思想

荀子「隆禮重法」的思想，本於其「性惡論」的哲學基礎。他認爲，「凡性者，天之就也。」「人之性惡，其善者，僞也。今人之性，生而有好利焉，順是，故爭奪生而辭讓亡焉；生而有疾惡焉，順是，故殘賊生而忠信亡焉；生而有耳目之欲，有好聲色焉，順是，故淫亂生而禮義文理亡焉。然則，從人之性，順人之情，必出於爭奪，合於犯分亂理而歸於暴。故必將有師法之化，禮儀之道，然後生於辭讓，合於文理，而歸於治。用此觀之，然則人之性惡明矣，其善者，僞也。」〔註89〕這裏的「僞」，是「人爲」、「後天（造就）」之意，與「天之就」相對應，用荀子自己的話來說，即「心慮而能爲之動謂之僞，慮積焉、能習焉、而後成謂之僞」。〔註90〕在荀子看來，人生來就是「固無禮義」、「不知禮義」的，而且「好利而欲得」。〔註91〕因爲「饑而欲

〔註88〕《史記·儒林列傳》。
〔註89〕《荀子·性惡》。
〔註90〕《荀子·正名》。
〔註91〕均見《荀子·性惡》。

食，寒而欲暖，勞而欲息，好利而惡害，是人之所生所有也，是無待而然者也，是禹、桀之所同也。」〔註92〕荀子的述說，與商鞅關於「人性好利」的陳述何其相似乃爾：「民之性，饑而求食，勞而求佚，苦則索樂，辱則求榮，此民之情也。」〔註93〕「民之於利也，若水之於下也，四旁無擇也」。〔註94〕然而重要的是，荀子又同時相信在外力的引導和強制下，這種與生俱來的「惡」的人性是可以改變的：「性也者，吾所不能為也，然而可化也」〔註95〕──故有「偽」之「善」。要改造好利惡害的人性，首先須施以道德教化，制定一種（一套）調節人群中各類人的利欲衝突的準則，用以保證社會生產和社會生活的「相持而長」〔註96〕、正常開展，這就是「禮」。

關於禮的起源和作用，荀子論曰：

> 禮起於何也？曰：人生而有欲，欲而不得，則不能無求，求而無度量分界，則不能不爭，爭則亂，亂則窮。先王惡其亂也，故制禮義以分之，以養人之欲，給人之求。使欲必不窮乎物，物必不屈於欲，兩者相持而長，是禮之所起也。……故禮者，養也。君子既得其養，又好其別。曷謂別？曰：貴賤有等，長幼有差，貧富輕重皆有稱者也。〔註97〕

關於禮在國家政治和社會生活中至高無上的地位，荀子是毫不含糊的：

> 凡禮……天下從之者治，不從者亂；從之者安，不從者危；從之者存，不從者亡……禮者，人道之極也。〔註98〕

> 禮者、政之挽也；為政不以禮，政不行矣。〔註99〕

> 禮者，所以正身也。〔註100〕

> 禮者，人之所履也，失所履，必顛蹶陷溺。〔註101〕

> 禮之於正國家也，如權衡之於輕重也，如繩墨之於曲直也。故

〔註92〕《荀子・榮辱》。
〔註93〕《商君書・算地》。
〔註94〕《商君書・君臣》。
〔註95〕《荀子・儒效》。
〔註96〕《荀子・禮論》。
〔註97〕《荀子・禮論》。
〔註98〕《荀子・禮論》。
〔註99〕《荀子・大略》。
〔註100〕《荀子・修身》。
〔註101〕《荀子・大略》。

人無禮不生，事無禮不成，國家無禮不寧。〔註102〕

但是，荀子認爲，「禮義生而製法度，」〔註103〕要改造人性，僅有道德教化的「禮」還不夠，還需有強制手段「法」作爲其補充，才能有效地保證禮的推行。與以上所引對「禮」的地位、作用等相對應，荀子指出：「法者，治之端也。」〔註104〕「人無法則悵悵然，有法而無志其義則渠渠然，依乎法而又深其類然後溫溫然。」〔註105〕

至於法的地位，荀子則有著如下獨到的見解：

首先，荀子認爲作爲制度的禮，即禮儀規範等，本身就具有法的意義。如「郊止乎天子，而社止於諸侯，道及士大夫」的祭祀之禮；「有天下者事七世（「七世」又作「十世」，見梁啓雄《荀子簡釋》，第256頁附注），有一國者事五世，有五乘之地者事三世，有三乘之地者事二世，持手而食者不得立宗廟」的宗廟之禮、「天子之喪動四海，屬諸侯；諸侯之喪動通國，屬大夫；大夫之喪動一國，屬修士；修士之喪動一鄉，屬朋友；庶人之喪，合族黨，動州里；刑餘罪人之喪，不得合族黨，獨屬妻子」〔註106〕的喪葬之禮；「天子袾裧衣冕，諸侯玄裧衣冕，大夫裨冕，士皮弁服」〔註107〕的服飾之禮等等，都是法定的禮數，具有法的內涵和作用。

其次，在荀子的政治理想中，禮有禮的作用，法有法的功能，二者均不可或缺，所謂「隆禮至法則國有常。」〔註108〕在荀子的著述中，禮法並提之處比比皆是，如「故學也者，禮法也」〔註109〕、「……禮法之大分也……禮法之樞要也」、〔註110〕「治之經，禮與刑，君子以修百姓寧」、〔註111〕「隆禮尊賢而王，重法愛民而霸」、〔註112〕「聖人積思慮、習偽故，以生禮義而起法度」〔註113〕等等。「不教而誅，則刑繁而邪不勝；教而不誅，則奸民不懲」，〔註114〕

〔註102〕《荀子‧大略》。
〔註103〕《荀子‧性惡》。
〔註104〕《荀子‧君道》。
〔註105〕《荀子‧修身》。
〔註106〕均見《荀子‧禮論》。
〔註107〕《荀子‧富國》。
〔註108〕《荀子‧君道》。
〔註109〕《荀子‧修身》。
〔註110〕《荀子‧王霸》。
〔註111〕《荀子‧成相》。
〔註112〕《荀子‧強國》；《荀子‧天論》；《荀子‧大略》。
〔註113〕《荀子‧性惡》。

是荀子對禮、法功能的辯證認識。

　　再次，荀子認為，禮是綱紀，法是成規，前者是後者的指導方針和原則：「禮者，法之大分，類之綱紀也」；〔註115〕「禮義生而製法度」；〔註116〕「法不能獨立，類不能自行」，〔註117〕對於禮來說，法是第二位的，前者涵蓋著後者，後者則是從前者中衍生出來的，「故非禮，是無法也。」〔註118〕在《荀子》中，「禮」字出現 300 餘次，「法」字出現 100 餘次（其中有些是作為動詞來用的，是「效法」、「遵循」之意），這足以說明荀子最重視的範疇還是「禮」。真正意義上的「法」、「禮」連稱在《荀子》中曾出現數次，如《修身》篇曰：「故學也者，禮法也」；《王霸》篇曰：「是百王之所同也，而禮法之樞要也」；「是百王之所同也，而禮法之大分也」──始終是禮在前，法在後。隆禮重法，隆者，豐大，尊崇也，「立隆以為極，而天下莫之能損益也」；〔註119〕重者，厚重，重視也。所以，據其詞義，從語法結構上來說，這是一個偏正詞組。一「隆」一「重」，二者在荀子的心中地位孰主孰次、孰先孰後，是非常分明的。

　　由上可知，荀子不囿於傳統周禮的框框而援法入禮，以法治來充實和改造禮治，使原先作為道德規範的禮具有了一些他律甚至是強制的成分，體現了新時代的精神，與戰國後期的社會發展狀況，與統一的中央集權國家建立的政治需要是相適應的。

2、荀子的「王霸一體」思想

　　「王霸一體」是荀子在政治學說上揉合儒、法的另一思想板塊。《荀子》一書中有《王霸》篇專述王、霸之區別，除此之外，《荀子》中還有多個篇章涉及到王霸問題。王道思想可以說貫穿了《荀子》的各個篇章，在其王道思想中，與儒家先賢孔子、孟子的王道思想有明顯差異而與霸道密切相關的有如下幾個重要命題：

　　第一，王、霸均可治國（治天下），但二者是兩個不同層次的政治理想和政治模式（隆禮重法之辨）。

〔註114〕《荀子·富國》。
〔註115〕《荀子·勸學》。
〔註116〕《荀子·君道》。
〔註117〕《荀子·修身》。
〔註118〕《荀子·禮論》。
〔註119〕《荀子·禮論》。

荀子效法孟子提倡王道，但他並不否定霸道，只不過認定二者是兩個不同的層次而已。在荀子的心目中，王道是高層次的政治理想，霸道則是不完美的政治追求。具體而言，荀子認爲王、霸的異同及高下之分在於：

首先，「粹而王，駁而霸。」〔註 120〕用純粹的儒學理念去指導，可以達到政治理想的最高境界而稱王天下；但若運用儒家與法家理論混雜的政治模式，則充其量只能稱霸天下。

其次，王者和霸者都是講德教的，但二者的水準高低有別：

> 王奪之人，霸奪之與，強奪之地。奪之人者臣諸侯，奪之與者友諸侯，奪之地者敵諸侯。臣諸侯者王，友諸侯者霸，敵諸侯者危。〔註 121〕

> 故與積禮義之君子爲之，則王；與端誠信全之士爲之，則霸。〔註 122〕

荀子將建立統一集權國家的政治理想和政治追求歸納爲三個層次，「奪之人」是指爭取他國民眾的歸附，實現的要義是「仁眇天下，義眇天下，威眇天下，」即以仁義爲主，威望、威勢爲輔；「奪之與」是指分化、爭取敵國的盟友，實現的要義是在搞好內政的同時，對外「存亡繼絕，衛弱禁暴，而無兼併之心」；「奪之地」是指對他國攻城略地，實現的要義是「以力勝之」即訴諸強力、武力。〔註 123〕以上三者，「奪之人」境界最高，是爲「王」；「奪之與」次之，是爲「霸」；「奪之地」再次，是爲「強」。類似的觀點，荀子在其它地方也多次提及，如「故用國者，義立而王，信立而霸，權謀立而亡」〔註 124〕（「義」、「信」、「權謀」在此可領會爲政治道德和政治手段）和「故王者富民，霸者富士，僅存之國富大夫，亡國富筐篋、實府庫」，〔註 125〕「故君人者……上可以王，下可以霸」〔註 126〕等等，不一而足。

「仁眇天下，義眇天下，威眇天下」的主旋律固然是儒家的德教，而「存亡繼絕，衛弱禁暴，而無兼併之心」也同樣可納入德教的範疇，二者在本質

〔註 120〕《荀子‧強國》。
〔註 121〕《荀子‧王制》。
〔註 122〕《荀子‧王霸》。
〔註 123〕均見《荀子‧王制》。
〔註 124〕《荀子‧王霸》。
〔註 125〕《荀子‧王制》。
〔註 126〕《荀子‧王霸》。

上沒有根本的不同，只是立意高低有層次之別而已。換言之，在荀子眼裏，二者有主次之分，但實施於國家政治時又是相互配套、相輔相成的。

第二，「人之性惡」，要實施王道，還得輔以霸道，對人加以某種強制性的外部改造（隆禮重法之理）。

荀子在提出「仁眇天下，義眇天下」的同時，還強調「威眇天下」，這是他的王霸觀與孟子的重大區別，其重要的分水嶺是孟、荀二人分持性善論和性惡論。如前所述，荀子認為，「人之性惡，其善者偽也，」若「從人之性，順人之情，必出於爭奪，合於犯分亂理而歸於暴。」〔註127〕故要實行王道，除了至關重要的道德教化之外，還需輔之於法律強制，所謂「治之經，禮與刑」；〔註128〕「隆禮至法則國有常，尚賢使能則民知方，纂論公察則民不疑，賞克罰偷則民不怠，兼聽齊明則天下歸之。然後，明分職，序事業，材技官能，莫不治理，則公道達而私門塞矣，公義明而私事息矣」；〔註129〕「故姦言姦說姦事姦能循逃反側之民，職而教之，須而待之，勉之以慶賞，懲之以刑罰，安職則畜，不安職則棄」；〔註130〕無不明確地表達了在禮之外需加進法的成分、教化和刑罰兩手並用的鮮明觀點。

第三，霸道是一種富國強兵的方略。

如前所述，孟子的王道所追求的是「內聖外王」，「以德行仁」、「以德服人」。但在諸侯爭霸時期，「力多則人朝，力寡則朝於人」，〔註131〕「內聖」對於「外王」的實現往往軟弱無力。而以實力為基礎的霸道則可用（以重智、重農、重兵為後盾的）「以力假仁」去彌補王道（施行仁義、推行仁政）的「以德服人」，克服王道政治軟弱的缺點。

順應時代的潮流，荀子對富國強兵之道也頗為重視，雖然從根本上說，霸道「非本政教也，非致隆高也，非綦文理也，非服人之心也」，但他亦清楚地看到，由於崇尚霸道者「鄉方略，審勞佚，謹畜積，修戰備」，因而「兵勁城固，敵國畏之；國一綦明，與國信之，」甚至能「威動天下，強殆中國」，「而天下莫之敢當。」基於戰國中後期霸道政治已佔據主流的現實，荀子於弘揚王道的同時，在富國強兵的方略上認同、接受霸道，實為明智的選擇。

〔註127〕均見《荀子・性惡》。
〔註128〕《荀子・成相》。
〔註129〕《荀子・君道》。
〔註130〕《荀子・王制》。
〔註131〕《韓非子・顯學》。

從「故道王者之法，與王者之人爲之，則亦王；道霸者之法，與霸者之人爲之，則亦霸」，〔註132〕可看出王霸並用思想形成的大體脈絡。漢代劉向總結的「政有三品，王者之政化之，霸者之政威之，強者之政脅之。」〔註133〕在荀子那裏皆已有之。

由上可知，荀子不再像孟子那樣對霸道不屑一顧，他將「信立而霸」緊列於「義立而王」之後，雖非並列的關係，可也在理論上大大提高了霸道的地位，拉近了霸道與王道的距離。故有學者認爲，在荀子的理想中，「霸道」是「王道」的補充形態和次生形態。〔註134〕「具具而王，具具而霸」，〔註135〕王霸一體的思想自此形成。從思想淵源而言，西漢宣帝所說的「王霸道雜之」，〔註136〕奠基者當爲荀子。

綜上所述，荀子「言禮而不爲純儒，近法而終不入申商之堂室」。〔註137〕一方面，他誠然不屬法家之流；另一方面，他的最高政治理想雖然還是以教化爲本的禮治和王道，但其認識和主張已與孔子尤其是孟子相去甚遠。荀子的禮，已在相當程度上與法融爲一體，其主張王道的同時，也對霸道給予了相當的認同。這些在理論上對禮法兼治、王霸並用的探索及成果，都爲秦漢以後的援法入儒、儒法合流奠定了思想基礎。誠然，從思想主流來說，荀子並沒有超出儒家學派的範圍，他始終認爲，「國之命在禮，」「力術止，義術行」，〔註138〕即只有實行禮義、仁政才能使國家從根本上生存和強大，因之主張「取人之道，參之與禮；用人之法，禁之以等。」〔註139〕即說，禮與法（王與霸）二者中，前者是最高之原則，後者是輔助的方式，在荀子的心目中，孰主孰次，還是非常分明的。總而言之，儒家發展到荀子，比之孔、孟的時代，其學說已更加合理化，也更具兼容性，因而理論體系更加完備，爲其在西漢以後成爲中國封建社會意識形態的主流奠定了基礎。

〔註132〕均見《荀子・王霸》。

〔註133〕劉向：《說苑》卷七，《政理》，《四部叢刊》本。

〔註134〕參看劉毓璜：《先秦諸子初探》，第 98 頁，南京，江蘇人民出版社，1984；俞榮根：《儒家思想通論》，第 363 至 364 頁，南寧，廣西人民出版社，1992。

〔註135〕《荀子・王制》。

〔註136〕《漢書・元帝紀》。

〔註137〕蕭公權：《中國政治思想史》，第 71 至 72 頁。

〔註138〕《荀子・強國》。

〔註139〕《荀子・君道》。

三、儒法合流在秦亦見端倪

　　眾所週知，法家思想從秦孝公、商鞅時起即已成爲秦國政治思想的主流，到秦始皇、李斯時更是對法家韓非的思想全盤吸收。但這並不能說明秦對其它思想一概排斥，事實上，儒家和陰陽家的思想對秦都有一定的影響，此處只說說與本章內容相關的儒家。

　　早在春秋時期，秦就深受儒家思想影響，據史載，在秦穆公時代，乃「以詩書禮樂法度爲政。」〔註140〕戰國時期，儒家大師荀子入秦時曾當面向秦昭王介紹儒家文化的魅力：「儒家法先王，隆禮義……儒者在本朝則美政，在下則美俗。儒之爲人下如是矣。」「其爲人上也，廣大矣！志意定乎內，禮節修乎朝，法則度量正乎官，忠信愛利形乎下。……故近者歌謳而樂之，遠者竭蹶而趨之。四海之內若一家，通達之屬，莫不從服。夫是之謂人師。」昭王聽畢，「曰善。」〔註141〕可見他在相當程度上認可荀子的宣傳，由此反映出推行法家政治的秦國對儒家思想等也是在一定程度上兼收並蓄的。故「秦統一後，正統派儒家連同陰陽五行家在朝廷上也有一定的勢力，比起李斯爲代表的荀派儒家（原文如此——筆者注）和法家學派來，自然是劣勢，但正統派儒家還是進行了激烈的鬥爭。」〔註142〕足見儒家在秦統一前後有相當的影響，同時也說明即便在秦，儒法合流也有一定的思想基礎。

第三節　漢儒對法家的批判

　　漢儒批法，發生在西漢前中期，是中國歷史上一場在官方首肯和鼓勵下由當時知識分子的主流派發起的歷史反思和思想批判運動，其間雖偶有雜音，卻基本上是一場一邊倒的運動，效用長久，影響深遠。自漢代桑弘羊在鹽鐵會議上舌戰群儒之後，歷二千多年，至近、現代始有人站出來堂堂正正地爲法家鳴不平。

一、漢儒批法的歷史特點

1、與「過秦」緊密相連

〔註140〕《史記·秦紀》。
〔註141〕均見《荀子·儒效》。
〔註142〕范文瀾：《中國通史簡編》修訂本第二編，第18至19頁，北京，人民出版社，1964。

從歷史上看，秦的崛起及統一天下，是法家倡導的政治制度和耕戰方針之勝利；秦的速亡，又是法家嚴刑治國思想的缺失所致。「秦兼天下，建皇帝之號，立百官之職。漢因循而不革，明簡易，隨時宜也。」〔註143〕作爲對秦的政治制度採取拿來主義的西漢王朝，其高層統治者（君主、大臣、名儒）在建國之初更關注的是以秦爲鑒，探尋保守和安定新政權的治國理論，使行之有效的政治制度能與合乎時宜的統治思想兩相結合，收得長治久安之效。從漢高祖劉邦吩咐陸賈「試爲我著秦所以失天下，吾所以得之者」〔註144〕開始，百年之間，漢代諸儒不斷思考，紛紛試圖總結秦短命而亡的深層原因。其中最爲集中的，是通過檢討秦朝治國方針之失當，批評法家「任法」的政治主張。

「漢人對於亡秦，例無褒詞。」〔註145〕漢儒對秦政的批評，以陸賈的《新語》、賈誼的《過秦論》和董仲舒的《賢良對策一》爲代表作。陸著認爲，「秦以刑罰爲巢，……以趙高、李斯爲杖」，〔註146〕對內厲行法治，對外武力擴張，走上一條極端的道路，物極必反，乃出現「事逾煩而天下逾亂，法逾滋而姦逾熾，兵馬益設而敵人逾多」〔註147〕的局面，「故有腹巢破卵之患……故有傾撲缺覆之禍」。〔註148〕由此得出的結論是：「秦非不欲爲治，然失之者，乃舉措暴眾，而用刑太極故也。」〔註149〕賈著認爲，「秦離戰國而王天下，其道不易，其政不改，」仍以不變應萬變，把法家的基本思想作爲統治政策的指南，「以暴虐爲天下始」，「繁刑嚴誅，吏治刻深，賞罰不當，賦斂無度」，以致「天下多事，吏弗能紀，百姓困窮而主弗收恤。然後姦僞並起，而上下相遁，蒙罪者眾，刑戮相望於道，而天下苦之。」其結論是：「仁義不施而攻守之勢異也。」〔註150〕董著認爲，秦在統治思想和統治政策方面犯了兩個致命的錯誤，一是「以法爲教」而擯棄德治，「使習俗薄惡，人民嚚頑」；二是任用嚴刑峻法且「賦斂無度，竭民財力，」以致「百姓散亡，」「群盜並起。」其結論是：

〔註143〕《漢書‧百官公卿表上》。
〔註144〕《漢書‧酈陸朱劉叔孫傳》。
〔註145〕馬非百：《秦集史》（上），第4頁，北京，中華書局，1982。
〔註146〕《新語‧輔政》，莊大鈞等校點《新語‧新書‧揚子法言》本，瀋陽，遼寧教育出版社，1998。。
〔註147〕《新語‧無爲》。
〔註148〕《新語‧輔政》。
〔註149〕《新語‧無爲》。
〔註150〕均見賈誼：《過秦論》，《史記‧秦始皇本紀》本。。

「自古以來，未嘗有以亂濟亂，大敗天下之民如秦者也。」〔註151〕

　　由上可見，「西漢前期的思想家幾乎把法家與秦的暴政視爲一體加以批判」〔註152〕，因爲法家理論是秦賴以起家的思想法寶，故漢儒評論秦政，勢必將批判的矛頭同時指向法家。徐復觀先生曾指出：「西漢像樣點的儒生，無不反秦反法。」〔註153〕反秦與反法聯在一起是必然的，董仲舒在《賢良對策一》中，就是將「申商之法」和「韓非之說」作爲秦朝暴政的罪惡之源的。

　　考察過秦與批法的緊密相連，我們可發現一個有趣的現象：在對法家的主要人物進行批判時，漢儒只是停留在「觀秦批法」上——借助對秦朝暴政的深刻印象，指責法家「任法」、「嚴刑」的主張所造成的惡果，而「很少有人對法家思想作全面的檢討」。〔註154〕與董仲舒等引用先秦儒家的經典如魚得水形成鮮明對照的是，漢儒「反秦反法」的論述裏，鮮見有針對法家的具體理論和言論進行詰難者，從中難以反映出他們對法家思想理論的系統研究成果。蓋因「漢代政治，不曾接受法家之所長，只承法家刑罰的酷烈，給人民以莫大的災禍。漢儒的反秦反法，皆針對此一現實而言。」〔註155〕故「批法」往往只停留在感性認識的階段，未能深入到學術層面。對此，西漢及後世的一些有識之士曾諷之曰：「秦取天下多暴，然世異變，成功大。……學者牽於所聞，見秦帝在日位淺，不察其終始，因舉而笑之，不敢道，此與以耳食無異。悲夫！」〔註156〕「今以趙高之亡秦而非商鞅，猶以崇虎亂殷而非伊尹也。」〔註157〕「……然則秦之任刑雖過，而其坊民正俗之意，固未始異於三王也。漢興以來，承用秦法，以至今日者多矣。世之儒者，言及於秦，即以爲亡國之法，亦未之深考乎！」〔註158〕「漢代的以儒批韓，……沒有多少學術價值可言。」〔註159〕「漢代的學者沒有多少學術眼光，對古書（當主要指儒家典籍——筆者注）一概全盤接受。」〔註160〕「均欲『禁私學』，『絕異道』，『持

〔註151〕《漢書・董仲舒傳》。
〔註152〕林聰舜：《西漢前期思想與法家的關係》，第226頁，臺灣，大安出版社，1991。
〔註153〕徐復觀：《兩漢思想史》，第二卷，第62頁，上海，華東師範大學出版社，2001。
〔註154〕徐復觀：《兩漢思想史》，第二卷，第335頁。
〔註155〕徐復觀：《兩漢思想史》，第二卷，第335頁。
〔註156〕《史記・六國年表》。
〔註157〕《鹽鐵論・非鞅》。
〔註158〕顧炎武：《日知錄・會稽山刻石》。
〔註159〕陳奇猷、張覺：《韓非子導讀》，第329頁。
〔註160〕費正清：《中國：傳統與變遷》，第77頁，北京，世界知識出版社，2002。

一統』,『定一尊』；東西背馳而道路同軌，左右易位而照影隨形。然則漢人之『過秦』,非如共浴而譏裸裎，即如劫盜之傷事主耳。」〔註161〕

需指出的是，與西漢前期的思想家不同，東漢的王充曾試圖從學術思想上對韓非進行批判。其作《論衡》中專設數千言的《非韓篇》，以儒家的禮治、德政理論去批判韓非「任刑」而「不養德」的法治理論。雖其篇幅有限，並未充分展開，論點還不夠說服力，但在漢代來說，他對法家的批判已屬較爲理性的了。

2、以申、商、韓爲主要批評對象

在漢代人的心目中，最能代表先秦法家的是申不害、商鞅和韓非。因此，漢儒在提及和批評法家時，往往將上述三人相提並論，作爲明確的攻擊靶子。漢武帝即位伊始，下詔「舉賢良方正直言極諫之士，」丞相衛綰奏請：「所舉賢良，或治申、商、韓非、蘇秦、張儀之言，亂國政，請皆罷。」〔註162〕得到武帝的首肯，將申、商、韓之學視爲擾亂國政的邪說。董仲舒在《賢良對策一》中「……至秦則不然。師申商之法，行韓非之說……」〔註163〕的提法，也是將此三人作爲秦朝所推崇的法家學說的代表人物。另外值得注意的是，同時期推崇道家黃老之學的《淮南子》一書，亦屢屢將申、商、韓三人作爲法家的靈魂人物批判之，如前所引「今商鞅之《啓塞》，申子之《三符》，韓非之《孤憤》，……皆掇取之權，一切之術也。非治之大本，事之恒常，可搏聞而世傳者也」〔註164〕以及「今若夫申、韓、商鞅之爲治也，挬拔其根，蕪棄其本，而不窮究其所由生」〔註165〕等等。

3、批法者自身往往認同法家的某些觀點

漢代崇儒批法中另一較爲奇特的現象是，雖然法家往往在漢儒論政時被作爲批判和攻擊的對象，但眾多儒者於言談中卻在有意無意間流露出法家的思想傾向，在一定程度上認同後者「法」、「術」、「勢」之核心理論。從秦代遺儒到被班固譽作「爲世純儒」〔註166〕「爲群儒首」〔註167〕的董仲舒再到《過

〔註161〕錢鍾書：《管錐篇》第一冊，第261頁，北京，中華書局，1979。
〔註162〕《漢書・武帝紀》。
〔註163〕《漢書・董仲舒傳》。
〔註164〕《淮南子・泰族》。
〔註165〕《淮南子・覽冥》。
〔註166〕《漢書・董仲舒傳》。
〔註167〕《漢書・敘傳》。

秦論》的作者賈誼，都曾有過與法家商、韓等驚人相似的論述，茲列表對比如下：

人物（學派）言論	商鞅（商君學派）	韓非	叔孫通	董仲舒	賈誼
1、社會進化論	「前世不同教，何古之法？帝王不相復，何禮之循？」（《商君書·更法》）		「五帝異樂，三王不同禮，禮者，因時勢人情為之節文也。」（《史記·叔孫通傳》）		
2、刑德二柄	「凡賞者，文也；刑者，武也。文武者，法之約也。」（《商君書·修權》）「民信其賞，則事功成；信其刑，則姦無端。」（同上）	「殺戮之謂刑，慶賞之謂德。」（《韓非子·二柄》）		「慶賞以立其德……刑罰以立其威。」（《春秋繁露·威德所生》）「慶賞刑罰異事而同功。」（《春秋繁露·四時之副》）	「夫禮者禁於將然之前，而法者禁於已然之後。」（《治安策》，見《漢書·賈誼傳》）「慶賞以勸善，刑罰以懲惡。」（同上）
3、勢治		「民者固服於勢，勢誠易於服人。」（《韓非子·五蠹》）「柄者殺生之制也，勢者勝眾之資也。（《韓非子·八經》）		「為人主者居至德之位，操生殺之勢，以變化民。」（《春秋繁露·威德所生》）	「仁義忠厚，此人主之芒刃也；權勢法治，此人主之斤斧也。」（《新書·制不定》）

二、對漢儒批法的幾點認識

1、漢儒批法是漢代否定秦的暴政並樹立新朝形象、重建新秩序的需要

西漢初年，新政權面臨前朝遺留下來的種種問題，可謂百廢待舉。在政治上，最為突出的是如何矯正秦朝「專任刑罰」的御民政策，樹立新政權的

形象，重建人民對官府的信任；在經濟上，面對「民無蓋藏，自天子不能具純駟，將相或乘牛車」〔註168〕的凋敝局面，則需營造一個寬鬆的環境，與民休養生息。要做到、做好以上兩點，須有一明確的指導思想。在意識形態方面，很有必要對秦的統治政策作一清算，在思想上劃清新政權與暴秦的界限，從而確立新的統治思想和統治政策。漢初陸賈以「鄉使秦已併天下，行仁義，法先聖，陛下安得而有之」〔註169〕提醒高祖劉邦，使劉邦轉變思想，命陸賈撰書總結「秦所以失天下，吾所以得之者」一事，正產生於上述背景之下。

2、漢儒批法在漢初以來較為寬鬆平和的政治和學術氣氛中進行，因而方式也較為溫和，與法家在思想文化方面粗暴地排斥異己有明顯差別

漢承秦制，但同時又「漢易秦政」，新王朝在統治政策上迥異於秦。她吸取了秦政苛嚴的教訓，儘量在政治、經濟、思想諸方面施行較為柔和、寬鬆的政策，使人們長期壓抑的心情和禁錮的思想有所鬆弛和解放，法家那套鬥爭的人生哲學在社會生活中已不再居於主流。這種變化反映在意識形態上，一是高層統治者對思想文化的專制程度有所減緩，注意打開言路，傾聽士人對朝政的議論和對社會治理方案的建言。據漢成帝時的名士梅福追述，漢高祖「納善若不及，從諫若轉環，聽言不求其能，舉功不考其素。……所以無敵於天下也。」漢武帝也「好忠諫，悅至言，」故「漢家得賢，於此為盛。」〔註170〕二是人們能在較為寬鬆平和的政治、學術氛圍中思考和討論社會問題，思想比前活躍，參與意識較強。如是，則討論也好，批評也罷，方式卻都比較溫和，與秦朝採取高壓政策動輒在意識形態方面粗暴地排斥異己相比，有了很大的進步。故之，在黃老學說寬大為懷、兼容並蓄思想的影響和指導下，漢武帝之前即漢初的幾十年裏，法家學說不僅沒有被禁止，反而改換成刑名之學的面孔，在一定程度上參與了漢初政治。

3、「批法」是對法家只講暴力、不講懷柔之統治思想、政策的矯正而不是對法家文化的全盤否定

如前所述，漢儒在批評法家時，主要是針對其「嚴而少恩」〔註171〕、只

〔註168〕《漢書·食貨志》。
〔註169〕《漢書·酈陸朱劉叔孫傳》。
〔註170〕均見《漢書·楊胡朱梅雲傳》。
〔註171〕《史記·太史公自序》。

剛不柔，光講法治、不講德治，片面鼓吹暴力、強力實行思想鉗制的極端主張而開展的。而對法家思想中可資借鑒的某些部分，他們並沒有一概橫加排斥。司馬遷在論及漢初思想文化的流派時曾說過：「自曹參薦蓋公言黃老，而賈生、晁錯明申、商，公孫弘以儒顯。」〔註172〕這一提法將賈誼與晁錯一道歸入法家思想和政策的繼承者，雖有失偏頗，但也從一個角度反映了上文所指出的客觀事實，即漢初的儒者，雖然在論政時往往把法家作為批判和攻擊的對象，但其中又有不少人在一定程度上是認同法家文化的精髓，並努力將其揉合進現行政策中去的。筆者認為，對這一似乎有悖常理的現象，可從以兩個方面去理解：

首先，從當時的思想領域來看，自西漢建國起，雖然眾多學者在譴責暴秦的同時，還尖銳地批評曾指導秦政的法家學說，希望新政權能另闢蹊徑，探尋新的統治思想，但由於漢初治國的指導思想黃老之學本身是以先秦老學為底本，揉合了法、儒、陰陽等各家學說的新的政治思想，在黃老之學兼收並蓄的氛圍中，法家學說並未真正被封殺，而是以刑名之學的新形式，成為漢初政治指導思想的一部分。

其次，從當時的政治需要來看，對於「（漢祖）克項山東而帝天下……秦餘制度……雖違古而猶襲之」〔註173〕的漢朝來說，是不可能將秦政的指導思想——法家學說徹底廢棄的。因為專制主義中央集權制度若是缺少了法家學說的精髓，也就失去了主心骨，難以有效和有力地運作。

綜上所述，筆者認為，漢儒中的相當部分人，雖曾猛烈抨擊過法家，但其思想卻帶有法家理論的痕跡，在一定程度上認同法家學說中的某些觀點，這一看似奇特的歷史現象，既符合秦漢之際的社會政治狀況，也切合中國封建社會的「社情」，並非無解之難題。

4、漢儒批法使法家「由陽轉陰」，其學派中斷了發展，但其學說卻作為封建專制制度和意識形態不可或缺的內核融入了漢代以降的歷代封建王朝

法家學說是伴隨封建專制體制的孕育和面世應運而生的，它為君主專制制度的確立奠定了理論基礎，其核心理論「法」、「術」、「勢」是封建專制主義的思想法寶，任一封建王朝和任一封建皇帝，除非其放棄專制體制，否則

〔註172〕《史記·太史公自序》。
〔註173〕揚雄：《劇秦美新論》，見《文選》卷四八，《四部備要》本。

都無法真正放棄法家學說。然而，由於暴秦短命而亡，導致君主專制的實踐一度遭受重挫，作為其治國指導思想的法家學說也備受譴責，在漢儒過秦與批法運動的逼力之下，法家不得不黯然退出了意識形態領域的主流。換言之，正是由於受暴秦短命而亡的直接影響，法家在漢代才飽受抨擊，在思想領域每每成為嚴厲批判的對象，從而終止本學派的發展，退出了意識形態領域的中心舞臺，把官學的地位讓予儒家的。

第四節　漢代的儒法合流

關於漢代儒法合流，劉毓璜上世紀八十年代在《先秦諸子初探》〔註174〕一書中有專節論述；王宏斌九十年代在《中國帝王術——〈韓非子〉與中國文化》〔註175〕一書中對西漢的「從外道內法到陽儒陰法」也有專章介紹；韓星在2005年出版的《儒法整合—秦漢政治文化論》〔註176〕一書中闢有篇幅，專門提出「儒法合流說再檢討」的問題。此外，自上世紀七十年代末至今，還有鍾肇鵬的《董仲舒的儒法合流的政治思想》、〔註177〕周繼旨的《略論秦漢之際的儒法合流和統一的封建主義思想體系的形成》、〔註178〕張申的《「儒法合流」評議》、〔註179〕劉寶村的《秦漢間的儒法合流及其影響》〔註180〕等一批論文專門研究這一問題。

筆者認為，在對漢代儒法合流的研究上，還有以下幾個問題尚待進一步探討和解決：

一、「合流」之辯

歷史上肇於先秦、成於西漢的儒法間的融合，其名稱在學術界有多種提法：禮法結合、王霸一體（王霸雜之）、儒法合流、陽儒陰法（外儒內法）、援法入儒，等等。就漢代以降二千多年意識形態和政治模式的主流來說，「儒

〔註174〕南京，江蘇人民出版社，1984。
〔註175〕開封，河南大學出版社，1995。該書改寫後以新書名《慧通韓非子》於2007年由北京九州出版社出版。
〔註176〕北京，中國社會科學出版社，2005。
〔註177〕載《歷史研究》1977年第3期。
〔註178〕載《文史哲》1977年第4期。
〔註179〕載《哲學研究》編輯部：《中國哲學史文集》，長春，吉林人民出版社，1979。
〔註180〕載《孔子研究》2001年第3期。

法合流」和「陽儒陰法」最能反映其核心內容和本質，故也爲學者所廣泛採用。對「陽儒陰法」的提法，鮮見有不同意見者，但對「儒法合流」，則有學者提出異議。

儒法合流的學術觀點，集中在「文革」結束、「尊法反儒運動」剛剛收場、開始撥亂反正的二十世紀七十年代末提出。鍾肇鵬先生 1977 年撰文提出「『霸王道雜』的統治術，就其理論來說，是儒法合流的政治思想。董仲舒是這一理論的建立者……他是以孔孟之道爲核心，加上陰陽五行的迷信說和法家駕馭臣下與統治人民的方法，構成一套神學世界觀和儒法合流的政治思想體系。」〔註181〕次年，任繼愈先生在即將再版的《中國哲學史》的「再版說明」中，批判了「四人幫」「用他們僞造的『儒法鬥爭史』冒充中國哲學史」的卑劣行徑。他指出：「百家爭鳴孕育著百家融合，儒法鬥爭走向儒法合流。爲地主階級服務的各派學說本來是互相滲透、互相補充的。」〔註182〕自此之後，「儒法合流」的提法被學術界普遍接受。

韓星博士在其專著《儒法整合——秦漢政治文化論》中，「從『政治文化整合』的獨特角度，對秦漢之際思想文化的變遷做了全面的審視，」〔註183〕確乎令人耳目一新。但該書認爲「儒法即使在戰國末、秦漢之際有『合流』的情況，但用這個說法似乎太籠統、太隨意了點。……『合流』之說缺乏科學性、嚴密性，不宜在學術界大講特講。」韓因而提出了「儒法整合」的新概念，認爲「整合」才是「本質」的，「深刻」的，而所謂「合流」只是一種「淺層次」的現象。其言下之意，是要棄用「儒法合流」的歷史概念，而以「儒法整合」將其涵蓋。〔註184〕。對此，筆者認爲，值得商榷。

從自然形態來說，江河的合流，大致有兩種情況，一是兩支或多支彙爲一流，匯合前的支流無主次之分，如廣東的北江，其西源武水出於今湖南省臨武縣西，東源湞水出於今江西省信豐縣，二水在今廣東韶關市彙爲北江；二是有一幹流，各支流彙入其中，如陝西的渭河，其幹流源出今甘肅省渭源縣，東流橫貫渭河平原，其支流涇河、洛河則分別在今陝西省高陵縣和大荔

〔註181〕鍾肇鵬：《董仲舒的儒法合流的政治思想》，載《歷史研究》1977 年第 3 期。
〔註182〕任繼愈：《中國哲學史》第一冊，「再版說明」，北京，人民出版社，1979。
〔註183〕韓星：《儒法整合——秦漢政治文化論·黃留珠序》，北京，中國社會科學出版社，2005。
〔註184〕參看韓星：《儒法整合——秦漢政治文化論》，第 13～16 頁。

縣彙入渭河。〔註185〕江河分流的情況則較少，往往是人工挖掘、破壞或汛期洪水泛濫時決堤、決口而形成的。

上述形態借用到社會、學術、宗教等領域，則派系（含流派、學派、黨派、宗派等）的合流和分流現象，大量存在，不勝枚舉。就合流而言，既有合併式的合流，如1905年中國資產階級革命團體興中會、華興會等聯合成立同盟會；又有由相互對立、相互排斥向相互影響、相互結合的融合，如儒、道、法、名、墨、陰陽等結合的黃老之學和外儒內法的漢代儒法合流，均屬此列。而流派、學派的衍生分支，在歷史上也比比皆是，如「孔、墨之後，儒分爲八，墨離爲三」，「自孔子之死也，有子張之儒，有子思之儒，有顏氏之儒，有孟氏之儒，有漆雕氏之儒，有仲良氏之儒，有孫氏之儒，有樂正氏之儒。自墨子之死也，有相里氏之墨，有相夫氏之墨，有鄧陵氏之墨」。〔註186〕又如佛教傳入中國後，自魏晉南北朝至隋唐五代，先後衍生了淨土宗、律宗、天台宗、華嚴宗、禪宗等多個宗派。

誠然，社會現象要比自然形態複雜得多，以上只是打個比方而已，並非將政治、學術、宗教等領域中派系的融合或分化與自然界中江河的合流或分流作簡單的類比。但事實上，從歷史上和現實中所見到的種種社會現象，都足以說明流派的融合或分化是客觀、清晰地存在的，並不「籠統」，不好以「科學性」去否定。其中的「合流」現象，也不可簡單地以「整合」去覆蓋或取代之。

另外，韓星博士還認爲，「儒、法兩種思想體系是不可能『合流』的，所謂『合流』只是從學術層面觀察到的一種現象。」〔註187〕此說也有必要略作討論。

首先，從儒法合流的社會原因、具體內容和歷史影響來看，其意義遠遠不止停留在學術層面上，它主要是出於政治上的需要而發生在思想意識形態方面的變革，在這一變革過程中紛紛發揮了重要作用、闡發了重要思想、創立了新的理論體系的知識分子群體，他們中的大多數人往往首先是政治家，其次才是思想家（其思想成分也是以政治思想爲主）和學者。所以，儒法合流應主要從政治上至少應從意識形態的主流方面去領會，才能得其要旨。

其次，儒、法兩家在漢代得以成功合流，有其歷史的必然性。第一，儒

〔註185〕北江和渭河又分別是珠江和黃河的支流，此處不贅。
〔註186〕《韓非子·顯學》。
〔註187〕韓星：《儒法整合——秦漢政治文化論》，第15頁。

家和法家的理論經過戰國、秦在政治實踐中的檢驗，各有長短利弊，令漢初的統治者和思想家深切認識到王與霸（禮與法）二者之不可偏廢；第二，儒、法兩家的理論看似衝突，其實他們之間的矛盾並非不可調和。因為雖然儒家追求禮，法家強調法，但在努力建立王道（或霸道），以達到天下大治的終極目標這一點上，基本上是相通的。這裏要特別強調的是，法家的重刑主義歷來受到人們的詬病，但其主張重刑治國的良苦用心，則較少有人體察。其實，韓非有一段話說得很有意思：為什麼「明主之治國也，眾其守而重其罪，使民以法禁而不以廉止」？因為「法之為道，前苦而長利；仁之為道，偷樂而後窮。勝任權其輕重，出其大利，故用法之相忍，而棄仁人之相憐也。」〔註188〕說其苦衷也好，苦心也罷，由此總可窺見法家商鞅、韓非在性惡論的思想藩籬中，為何執著於「輕罪重罰」，「以刑去刑」。第三，在「尊君」方面，儒家和法家的立場相當接近。齊景公問政於孔子時，後者對曰：「君君，臣臣，父父，子子。」〔註189〕認為君臣（父子）的名份應嚴加區分，才能維持政治（社會）秩序。韓非則認同「臣事君，子事父，妻事夫，三者順則天下治，三者逆則天下亂」〔註190〕的說法。儒家和法家的君尊臣卑，明分職而不得逾越這一共同立場，早就為司馬談所洞悉，他在《論六家之要指》中對兩家分別評點道：「儒者博而寡要，勞而少功，是以其事難盡從；然其序君臣父子之禮，列夫婦長幼之別，不可易也。……法家嚴而少恩，然其正君臣上下之分，不可改矣。」〔註191〕可謂一語中的。

誠然，如劉毓璜先生所說，「從整個思想體系上看，儒法兩家在任何條件下是不可能有什麼『合流』的。」但與此同時劉又認為：「歷史現象是錯綜複雜的。由於矛盾形勢的變化，儒法兩家的思想界限早已不是那麼嚴峻。」〔註192〕「在『黃老無為』這面旗幟的掩蓋之下，長時間處於對立地位的儒法兩家，也逐漸擺脫了原來那種勢不兩存的緊張關係，一步步地突破學派門戶的界限，轉向於相對的統一。……使儒法兩家學說有可能在一定限度內趨於合流，彙結為封建統治的同一體系。」〔註193〕對此，筆者作兩點補充，

〔註188〕均見《韓非子‧六反》。
〔註189〕《論語‧顏淵》。
〔註190〕《韓非子‧忠孝》。
〔註191〕《史記‧太史公自序》。
〔註192〕劉毓璜：《先秦諸子初探》，第247、第248頁。
〔註193〕劉毓璜：《先秦諸子初探》，第243頁。

第一，伴隨秦朝的滅亡，兩漢以降，法家作爲獨立的學術、政治派別已不復存在，故儒法兩家合流的主導者和具體操作者都是諸儒，顯而易見這種合流是單向而不是雙向的；第二，儒法合流後建立起來的新體系中「儒」和「法」的成分，既不是先秦儒家思想的翻版，更不是法家理論的簡單重複，而是將儒法兩家統治術的精華結合起來，形成新的禮法並用（德主刑輔）思想體系和王霸雜之政制模式。

綜上所述，筆者認爲，以現代的科學概念「整合」等去研究、分析古代歷史，無可厚非，但對於在學界業已約定俗成且與史實並不相違的歷史、學術概念，不宜輕易棄用之。在此類問題上若不審慎對待，在充分討論、取得共識前就大講特講「整合」而淡化「合流」，至少會造成概念上的混亂，給今後一段時期的研究帶來極大的不便。

另外，有一個問題需要補充說明。儒法合流，看似儒爲幹流，法爲支流，是儒兼併了法，其實不然。因爲如後文所述，雖然在董仲舒們的心目中，德主刑輔，但從其實質來說，儒與法是一種顯隱的關係，甚至是表裏的關係，統治階級上層在表面上推崇儒學，但骨子裏往往是法家的那一套，此處不贅，詳見後述。

二、「純儒」董仲舒在儒法合流中的角色和作用

稱董仲舒爲「純儒」，始於班固，《漢書‧敘傳》在《董仲舒傳》的述要中評點曰：「抑抑仲舒……下帷覃思，論道屬書，讜言訪對，爲世純儒。」朱熹也說：「漢儒惟董仲舒純粹，其學甚正，非諸人比」。〔註194〕南宋黃震則評曰：「漢世之儒，惟仲舒仁義《三策》炳炳萬世……仲舒純儒」。〔註195〕清代皮錫瑞亦明確指出：「孟子之後，董子之學最醇（朱子稱仲舒爲醇儒——皮注）。然則《春秋》之學，孟子之後，亦當以董子之學爲最醇矣。」〔註196〕

但是，當代不少學者根據對董仲舒思想的綜合分析，並不認同其是純儒之說。如鍾肇鵬在《董仲舒的儒法合流的政治思想》一文中認爲：「他（董仲舒）的思想並不純。他是以孔孟之道爲核心，加上陰陽五行的迷信說和法家駕馭臣下與統治人民的方法，構成了一套神學世界觀和儒法合流的政治思想體系。」

〔註194〕《朱子語類》卷一三七，《戰國漢唐諸子》。
〔註195〕黃震：《黃氏日抄》卷五六，《讀諸子二》。
〔註196〕皮錫瑞：《經學通論》四，「論董子之學最醇微言大義存於董子之書不必驚爲非常異義」，北京，中華書局，1954。

〔註197〕任繼愈主編的《中國哲學發展史（秦漢）》也認為：「古人稱董仲舒為『醇儒』。其實，這位大儒並不『醇』，他的思想中既有鄒魯文化的傳統，也有燕齊方士的傳統，還吸收了一部分三晉文化刑名家的傳統。」〔註198〕

　　筆者以為，結合漢代儒法合流的歷史，在否定董仲舒是純儒的同時，還需進一步根據其思想理論來源的構成，去定位其思想、學術的歸屬。董仲舒是以先秦儒學為藍本，融入了陰陽家和法家的理論而創新了儒學的，今人研究董仲舒的思想，主要的依據是載於《漢書・董仲舒傳》中的三篇《賢良對策》和董氏所作《春秋繁露》，〔註199〕因此，我們來看看在其著述和論說中滲透著陰陽家和法家思想的一些重要段落。

　　先看陰陽家思想對董著的影響。

　　　　天者萬物之祖，萬物非天不生，獨陰不生，獨陽不生，陰陽與天地參然後生。……故德侔天地者，皇天右而子之，號稱天子。〔註200〕

　　　　人之得天得眾者，莫如受命之天子。〔註201〕

　　　　受命之君，天意之所予也；故號為天子者，宜視天如父，事天以孝道也。〔註202〕

　　　　天地之氣，合而為一，分為陰陽，判為四時，列為五行。〔註203〕

　　　　天道之常，一陰一陽。陽者，天之德也；陰者，天之刑也。〔註204〕

　　　　天之親陽而疏陰，任德而不任刑也。〔註205〕

〔註197〕載《歷史研究》1977年第3期。

〔註198〕任繼愈主編：《中國哲學發展史（秦漢）》第361頁，北京，人民出版社，1985。

〔註199〕自宋代程大昌在《春秋繁露書後》提出《春秋繁露》「非董氏本書」以來，後人均不敢大膽肯定該書之真，《四庫全書提要》對此也首鼠兩端，言「今觀其文，雖未必全出於仲舒，然中多根極理要之言，非後人所能依託也。」當代學者徐復觀先生對《春秋繁露》作了專題研究，在這一問題上的結論是：「今日所能看到的《春秋繁露》，只有殘缺，並無雜偽。」（詳見徐復觀：《兩漢思想史》第二卷，第192至195頁）筆者從其說。

〔註200〕《春秋繁露・順命》，《新編諸子集成》收蘇輿《春秋繁露義證》本，北京，中華書局，1992。

〔註201〕《春秋繁露・奉本》。

〔註202〕《春秋繁露・洞察名號》。

〔註203〕《春秋繁露・五行相生》。

〔註204〕《春秋繁露・陰陽義》。

〔註205〕《春秋繁露・基義》。

　　　　天道之大者在陰陽。陽爲德，陰爲刑；刑主殺而德主生……以
　　此見天任德不任刑也。天使陽出布施於上而主歲功，使陰入伏於下
　　而時出佐陽；陽不得陰之助，亦不能獨成歲。〔註206〕

　　　　天有四時，王有四政。四政若四時，通類也，天人所同有也。
　　慶爲春，賞爲夏，罰爲秋，刑爲冬。慶賞罰刑之不可不具也，如春
　　夏秋冬不可不備也。〔註207〕

此類論述，皆本於發端自戰國鄒衍、以後爲雜家《呂氏春秋》（合儒、道、墨、
陰陽數家思想而成）和新道家黃老之學所用的陰陽五行學說。雖然陰陽家的
主要代表作《鄒子》四十九篇、《鄒子終始》五十六篇〔註208〕早已亡佚，但長
於「敬順昊天，曆象日月星辰，敬授民時」〔註209〕的鄒子的主要思想，在《史
記・孟子荀卿列傳》中略有記述：「鄒衍……深觀陰陽消息，而作怪迂之變，
《終始》、《大聖》之篇十餘萬言。其語閎大不經；必先驗小物，推而大之，
至於無垠……因載其禨祥度制。推而遠之，至天地未生，窈冥不可考而原
也……稱引天地剖判以來，五德轉移，治各有宜，而符應若茲。」在《呂氏
春秋》和馬王堆漢墓出土的《黃老帛書》裏，有眾多的篇章、大量的篇幅言
及陰陽五行，就鄒氏的上述思想進一步展開具體的闡發，並均被董仲舒所借
鑒和發揮。透過《春秋繁露》的篇名「天地陰陽」、「陰陽義」、「陰陽終始」、
「陽尊陰卑」及「五行之義」、「五行對」、「五行相生」、「五行相勝」、「五行
順逆」、「五行變救」等可窺見其義，又如《呂氏春秋》中的「始生者天也。
養成者人也。能養天之所生而勿攖之，謂之天子。天子之動也，以全（徐復
觀注：猶順也。見徐復觀《兩漢思想史》第二卷第21頁，下同）天爲故（徐
復觀注：故事也）者也」〔註210〕和帛書《黃帝四經》中的「不靡不黑，而正
之以刑與德。春夏爲德，秋冬爲刑。先德後刑以養生。……夫並時以養民功，
先德後刑，順於天」〔註211〕等等論述，均可說明董氏對陰陽五行學說的繼承
發展。

　　再看董著與法家思想的聯繫。

〔註206〕《漢書・董仲舒傳》。
〔註207〕《春秋繁露・四時之副》。
〔註208〕《漢書・藝文志》著錄。
〔註209〕《漢書・藝文志》。
〔註210〕《呂氏春秋・孟春紀》。
〔註211〕《馬王堆漢墓帛書・十大經・觀》。

> 國之所以爲國者德也，君之所以爲君者威也，故德不可共，威不可分。德共則失恩，威分則失權。失權則君賤矣，失恩則民散矣。民散則國亂，君賤則臣叛。是故爲人君者，固守其德以附其民，固執其權以正其臣。〔註212〕

極權主義者韓非，力主「明君貴獨道之容，」〔註213〕「權勢不可假人」〔註214〕，董氏之「德不可共，威不可分」，與韓非的主張可謂異曲同工。

> 民無所好，君無以權（勸）也。民無所惡，君無以畏也。無以權（勸），無以畏，則君無以禁制也……務致民有所好。有所好然後可得而勸也，故設賞以勸之。有所好必有所惡，有所惡然後可得而畏也，故設刑以畏之。既有所勸，又有所畏，然後可得而制。〔註215〕

> 有功者賞，有罪者罰，功盛者賞顯，罪多者罰重。〔註216〕

賞罰二途，是推行法、術、勢的保障手段，董氏所論，似有同意韓非性惡論的成分，並主張「賞顯罰重」，表現出明顯的法家傾向。

> 《春秋》君不名惡，臣不名善。善皆歸於君，惡皆歸於臣。〔註217〕

> 故爲人主者，法天之行。是故內深藏，所以爲神；外博觀，所以爲明。〔註218〕

> 爲人君者，其要貴神。神者，不可得而視也，不可得而聽也。是故視而不見其形，聽而不聞其聲。聲之不聞，故莫得其響；不見其形，故莫得其影。莫得其影，則無以曲直也；莫得其響，則無以清濁也。無以曲直，則其功不可得而敗；無以清濁，則其名不可得而度也。〔註219〕

> 爲人君者，居無爲之位，行不言之教。寂然而無聲，靜而無形。

〔註212〕《春秋繁露・保位權》。
〔註213〕《韓非子・揚權》。
〔註214〕郭沫若：《十批判書》，第370頁。
〔註215〕《春秋繁露・保位權》。
〔註216〕《春秋繁露・考功名》。
〔註217〕《春秋繁露・陽尊陰卑》。
〔註218〕《春秋繁露・保位權》。
〔註219〕《春秋繁露・立元神》。

  執一無端，爲國源泉。〔註220〕

   功出於臣，名歸於君。〔註221〕

這些論述，與韓非的人主之術如「法莫如顯，而術不欲見」〔註222〕、「故君見惡。則群臣匿端；君見好，則群臣誣能，人主欲見，則群臣之情態得其資矣……故曰：『去好去惡，群臣見素。』群臣見素，則大（人）君不蔽矣」〔註223〕「有功則君有其賢，有過則臣任其罪……臣有其勞，君有其成功，此之謂賢主之經也」〔註224〕等等如出一轍。

   爲人主者，居至德之位，操殺生之勢，以變化民。民之從主也，如草木之應四時也。〔註225〕

   量勢立權，因事制義。〔註226〕

韓非對權勢所下的定義是：「柄者，殺生之制也，勢者，勝眾之資也。」〔註227〕董氏之說，雖加進了德治的成分，但也承認君主手中握著生殺大權，以軟硬兩手，統治和控制臣民。

  從以上的引文中，我們很難分辨出，董仲舒構建的新儒學體系從其它學派融入、借鑒的理論，究竟是以法家的成分爲主，還是陰陽家的成分更多些。說董仲舒是純儒，肯定經不起推敲，但要將董氏作爲儒法合流的典型，亦與事實不符。作爲漢代大儒，他所構建的新儒學，成分糅雜（除法家、陰陽家外，還有道家、墨家、名家等成分，恕不一一展開），很難一言以蔽之。故筆者傾向於同意將其新儒學定位爲「先秦諸子的眞正綜合」。〔註228〕正因爲在當時的歷史條件下，董仲舒能與時俱進，以儒學爲中心，採諸子百家之長，既強調「以教化爲大務」，又主張「正法度之宜」。〔註229〕鎔鑄出新的理論體系，爲封建統治者的長治久安奠定了思想基礎，所以這套新理論不但得到當朝統治者的青睞，而且也被漢代以降歷代統治者作爲意識形態的藍本，長盛而不衰。

〔註220〕《春秋繁露·離合根》。
〔註221〕《春秋繁露·保位權》。
〔註222〕《韓非子·難三》。
〔註223〕《韓非子·二柄》。
〔註224〕《韓非子·主道》。
〔註225〕《春秋繁露·威德所生》。
〔註226〕《春秋繁露·考功名》。
〔註227〕《韓非子·八經》。
〔註228〕參看王永祥：《董仲舒評傳》，第403至406頁，南京，南京大學出版社，1995。
〔註229〕《漢書·董仲舒傳》。

三、漢代儒法合流的表現方式

漢代儒法合流，概略說來，有以下表現方式：

一是思想學術上的融合，確切地說，是儒家、儒學的法家化。以董仲舒為代表的一批思想家，不囿於孔、孟儒學的原始形態，且比儒法合流的先驅荀子更進一步，同時吸收了法家、道家（黃老之學）、陰陽家等學派的部分思想，建立起新的儒學體系。尤其在政治觀和社會觀方面，新儒學可以說是儒法兩家政治思想、倫理思想的混合物。如董仲舒「德主刑輔」的治國之道、賈誼的「禮者禁於將然之前，而法者禁於已然之後」，〔註230〕既在道統上繼承了孔、孟等實行德政（仁政）、推行德教的傳統，又在理論上明確認可了刑的功能非教化所能替代，必須軟硬兩手同時抓。又如董仲舒對先秦儒學的基本道德原則和規範進行了法家化的改造，前文曾提及，在「尊君」方面，儒家和法家的立場相當接近，然細究之，兩者還是存在差異的。孔子提出「君君、臣臣、父父、子子」，〔註231〕孟子進而提出「父子有親，君臣有義，夫婦有別，長幼有序，朋友有信。」〔註232〕他們雖然也強調君臣等的等級秩序，但這種秩序並不是絕對的而是相對的，即君臣等的相互關係是雙向的，各有義務、共同維持的，所謂「君使臣以禮，臣事君以忠。」〔註233〕「君之視臣如手足，則臣視君如腹心；君之視臣如犬馬，則臣視君如國人；君之視臣如土芥，則臣視君如寇讎。」〔註234〕在這一問題上，董仲舒「天為君而覆露之，地為臣而持載之；陽為夫而生之，陰為婦而助之；春為父而生之，夏為子而養之。王道之三綱可求於天」〔註235〕的「三綱」之說，則本於韓非「臣事君，子事父，妻事夫，三者順則天下治，三者逆則天下亂，此天下之常道也。」〔註236〕在韓非及董仲舒的筆下，君臣的等級秩序已是尊卑順逆的絕對關係，被神聖化為宇宙的「常道」即根本法則。再如賈誼雖認為「仁義恩厚，人主之芒刃也」，但緊跟著又說了一句「權勢法制，人主之斤斧也。」〔註237〕與先秦法家

〔註230〕《漢書・賈誼傳》。
〔註231〕《論語・顏淵》。
〔註232〕《孟子・滕文公上》。
〔註233〕《論語・八佾》。
〔註234〕《孟子・離婁下》。
〔註235〕《春秋繁露・基義》。
〔註236〕《韓非子・忠孝》。
〔註237〕《漢書・賈誼傳》。

的論調「尊君卑臣，非計親也，以執（勢）勝也」〔註238〕、「勢重者，人主之爪牙也」〔註239〕等如出一轍。質言之，援法家之「刑」和「勢」入儒學，是新儒學的主要特徵，也是漢代儒法合流的主要標誌。

二是法制層面上的融合。對此，研究者多將其分爲法律的儒學化和儒學的法典化，前者主要指的是，以儒補法、納禮入律，用儒家的思想觀念對秦律進行滲透和改造，在量刑定罪方面較爲人性化、倫理化，以限制和降低法家嚴刑和重刑的偏頗、殘酷；後者主要指的是，使儒家經義具有權威法典的地位，如東漢爲統一經義而由官方召開「白虎觀會議」，會後班固奉章帝之詔整理出的《白虎通義》，即標誌著儒學的法典化。但在筆者看來，所謂法律的儒學化和儒學的法典化，是一個問題的兩個側面，甚至就是同一回事。何哉？其一，法律的儒學化發軔於儒學在意識形態領域進居統治地位的漢代，完成於封建社會成熟時期的唐代，這近千年中，法家已退出政治歷史舞臺，實現儒法在法治層面的融合，無論設計還是實操的力量，基本上都來自儒家方面，即說，無論法律儒學化還是儒學法典化，主導者都是諸儒，「法律之家亦爲儒生」，〔註240〕正是這種微妙變化的形象寫照；其二，通常認爲中國古代傳統法律之儒學化，即用儒家精神去改造、統治法律的進程，先後經歷了引經決獄、據經注律、納經入律三部曲，其中第三階段納經入律（又稱「以經立法」）發生在魏晉至隋唐，而第一、二階段即引經決獄及據經注律則在兩漢業已開創。引經決獄（又稱「春秋斷獄」）的始作俑者是董仲舒，他以儒家經義作爲司法審斷的準則，率先將儒家的精神原則注入司法活動中去，對此，有學者將之稱爲「中國法律儒家化的開端」，〔註241〕也有學者認爲這是「把儒家的經典法典化」，〔註242〕莫衷一是。據經注律（又稱「以經注律」）則始於並盛於東漢，史載：「（自）漢（以）來，治律有家，子孫並世其業，聚徒講授至數百人。」〔註243〕「後人生意，各爲章句。叔孫宣、郭令卿、馬融、鄭玄諸儒章句十有餘家，家數十萬言。凡斷罪所當用者，合二萬六千二百七十二條，七百七十

〔註238〕《管子·明法》。

〔註239〕《韓非子·人主》。

〔註240〕《論衡·謝短》。

〔註241〕 參看汪漢卿主編：《中國法律思想史》，第126頁，合肥，中國科學技術大學出版社，1993。

〔註242〕 楊鶴泉：《董仲舒的法律思想》，第58頁，北京，群眾出版社，1985。

〔註243〕《南齊書·崔祖思傳》，《二十五史》本，上海，上海古籍出版社、上海書店，1986。

三萬三千二百餘言。」以至因「言數益繁，覽者益難」，「天子於是下詔，但用鄭氏章句，不得雜用餘家。」〔註244〕這究竟屬於法律的儒學化，還是儒學的法典化，實難分辨，故有學者乾脆將上述三部曲不分彼此地統稱爲「儒學的『法典化』與法律的『儒學化』。」〔註245〕

綜上所述，漢代儒法合流主要在思想學術和法律上表現出來，但須認識到，這兩個方面都是與當時的國家政治緊密相連的，既爲封建專制根本制度的維繫服務，也爲社會文明的建設和發展作貢獻，積極和消極的因素俱在。

〔註244〕均見《晉書·刑法志》。
〔註245〕武樹臣：《中國法律思想史》，第206頁，北京，法律出版社，2004。

第五章　陽儒陰法的形成及影響

　　陽儒陰法在漢代業已形成，按先秦縱橫家鬼谷子「陰道而陽取之」〔註1〕的說法，「陰」指暗地、實質，「陽」指公開、表象，戰國至西漢初年，與陽儒陰法相關的文獻記載有「刑晦而德明，刑陰而德陽，刑微而德章（彰）」〔註2〕、「天道之大者在陰陽，陽為德，陰為刑」〔註3〕等等。而「陽儒陰法」命題的正式提出，則遲至宋代。蘇軾在其論著中，對法家多有批評，但與此同時他也不得不承認，自漢代以降，在意識形態領域中似已銷聲匿跡的法家，仍在國家政治中發揮潛在的作用：「自漢以來，學者恥言商鞅、桑弘羊，而世主獨甘心焉，皆陽諱其名，陰用其實，甚者則名實皆宗之。」〔註4〕蘇氏於另書又曰：「自漢以來，學者雖鄙申、韓不取，然世主心悅其言而陰用之；小人之欲得君者，必私習其說，或誦言稱舉之，故其學至今猶行也。」〔註5〕字裏行間流露出無奈之情的同時，也真切反映了長期以來陽儒陰法的客觀存在。

第一節　陽儒陰法的形成及其內涵、特徵

一、陽儒陰法的政治格局形成於西漢

　　儒法合流濫觴於先秦，陽儒陰法卻始於西漢。陽儒陰法的兩個歷史前提

〔註 1〕《鬼谷子·謀篇》，琮瓊譯注本，太原，山西古籍出版社，1999。
〔註 2〕《馬王堆漢墓出土帛書·十大經·姓爭》。
〔註 3〕《漢書·董仲舒傳》。
〔註 4〕蘇軾：《論商鞅》，《蘇軾文集》（第一冊第五卷）本。
〔註 5〕《東坡書傳》卷十四《無逸》，《三蘇全書》（第二冊）本，北京，語文出版社，2001。

是，統治階級上層不再公開亮出法家的旗幟，法家學說在政治舞臺上不再居於主導地位；儒家成為統治階級上層的新寵，其學說經一番改造後搖身變為意識形態和統治思想的主流。

法家學說之所以由戰國、秦朝的「陽」轉入西漢的「陰」，主要原因是：

第一，秦的暴虐及敗亡，殃及法家的名聲，新朝的當政者即使心儀法家倡導的政制和統治之術，也不能無視「父老苦秦苛法久矣」〔註6〕的社會狀況而犯天下之不韙，繼續公開亮出法家的旗幟號召臣民。

第二，新朝的建立者在推翻前朝的過程中，為了鼓動人民反秦，曾全力聲討在法家理論指導下秦的「嚴刑峻法」，漢高祖在與關中父老「約法三章」的同時，許諾「餘悉除去秦法」，〔註7〕故不可能再將法家思想作為正統思想去宣傳。

第三，新朝建立之初，穩定為上，需要的是柔性的國策和安穩的秩序，若此時仍公開沿用一向主張激進、變法、創新的法家學說，不利於「守成」。

然而，看似已不合時宜的法家及其學說雖在西漢取代秦朝後不再作為統治階級的旗號，卻沒有真正湮滅，這是由封建專制體制的基本特徵和漢初的社會政治狀況所決定的。法家思想理論對於封建專制主義來說，是不可或缺的。法家學說中「以法為教」、「以吏為師」，〔註8〕「勸之以賞」、「畏之以罰」〔註9〕的冷峻法治；「執柄處勢、令行禁止」，〔註10〕「足以詘賢者」〔註11〕的「人設之勢」〔註12〕；「藏於胸中」、「潛御群臣」，「因任而授官，循名而責實」的御臣之術，三者「不可一無，皆帝王之具。」〔註13〕大一統的皇權專制的政治形態的維繫，專制主義中央集權制度的鞏固和發展，封建國家機器的有效運作，須臾也離不開法家的治國之道、用人（御臣）之術。

漢初君臣對暴秦的短命而亡記憶猶新，過秦的同時自然也對法家學說持批判的態度。但批判歸批判，漢王朝處於封建社會的上陞時期，她承接的是

〔註6〕《史記・高祖本紀》。
〔註7〕《史記・高祖本紀》。
〔註8〕《韓非子・五蠹》。
〔註9〕《韓非子・忠孝》。
〔註10〕參看《韓非子・八經》。
〔註11〕《韓非子・難勢》。
〔註12〕《韓非子・難勢》將勢分為「自然之勢」和「人設之勢」：「勢必於自然，則無為言於勢矣。吾所為言勢者，言人之所設也。」
〔註13〕均見《韓非子・定法》。

前朝遺傳下來的以法家思想爲靈魂的封建專制主義制度，這是劉邦等人不可逆轉和改變的，且「從政治現實看，漢初統治集團少文多質，無力設計新的政治模式。」〔註14〕因此，一方面要總結秦亡的教訓，削弱法治主義的強度，使治國之策變得柔和而有彈性；另一方面又得在國家政刑體制的運作中保留秦制即在法家思想理論指導下建立起來的、業經實踐檢驗行之有效的基本政治機制和法律制度，並總結歷史經驗教訓，對政治和法律制度進行適當的改造。換言之，雖則法家口碑不佳，但仍外儒而內法，繼續保留法家的風骨，以其政治控制能力強、長於行政管理和治吏之道的優點，去彌補儒學的缺陷，是無奈的也是明智的選擇。這種無奈，在新朝建立之初便已表現出來。如漢高祖進入關中時，曾「約法三章」並許諾「除去秦法」，曾幾何時，卻又在實踐中深深感到「三章之法不足以御姦」，故言猶在耳，便又收回成命而承襲秦法，由「相國蕭何捃摭秦法，取其宜於時者，作律九章。」〔註15〕又如作爲名儒在漢代最早得寵的叔孫通，其爲漢高祖所制朝儀，已非先秦儒家之原貌，對此，後人朱熹評曰：「叔孫通爲綿蕞之儀，其效至於群臣震恐，無敢喧嘩失禮者。比之三代燕享君臣氣象，便大不同。蓋只是秦人尊君卑臣之法。」〔註16〕叔孫通作爲「希世度務制禮，進退與時變化」〔註17〕的「漢代第一個法家化的『儒宗』」，〔註18〕其「陽儒陰法」的無奈和痛苦，實不難想像。

漢武帝在位期間，「（東方）朔上書陳農戰強國之計，因自訟獨不得大官，欲求試用。其言專商鞅、韓非之語也，指意放蕩，頗復詼諧，辭數萬言，終不見用」。〔註19〕這說明在漢初的歷史條件下，法家理論畢竟不便於公開作爲官學和治國思想在政治舞臺中心和意識形態領域亮相，且吸取秦二世而亡的教訓，爲長治久安之計，即便法治主義需繼續堅持，也應審時度勢，削弱其強度，克服法家單純依靠嚴刑峻法控制社會的偏弊，從儒家等吸收一些柔性的東西，並以後者爲外衣，將法家思想和體制的內殼包裝在內。

綜上所述，法家思想理論對於封建專制主義的不可或缺，和法家因暴秦的速亡而連帶遭到的嚴厲批判和排斥，這二者相碰撞，乃構成了中國歷史上

〔註14〕申波：《論法家思想在漢代的隱性化》，載《江淮論壇》2005 年第 2 期。

〔註15〕均見《漢書·刑法志》。

〔註16〕《朱子語類》卷一三五，《歷代二》。

〔註17〕《史記·劉敬叔孫通列傳》「太史公曰」。

〔註18〕余英時：《中國思想傳統的現代詮釋》，第 67 頁，南京，江蘇人民出版社，2004。

〔註19〕《漢書·東方朔傳》。

奇特的陽儒陰法現象。如劉毓璜先生所說，「經過漢初『文景之治』，到武帝在位時期（前 140～前 87 年）……法家思想學說中的基本內容早已從理論化為現實，凝結於封建典章制度之中，受到國家法律的保護。」〔註20〕

不可忽略的是，從秦的法治主義到漢武帝的陽儒陰法，中間還經歷了一個黃老之治的特殊歷史階段。黃老之治主要是道家思想與法家思想相結合的產物，她適應漢朝建立伊始的經濟形勢和政治格局，成功地把法家的暴力統治方式用道家「無為而治」的旗號掩飾起來，為「漢承秦制」打開了順暢的通道，是從法治主義向陽儒陰法的歷史過渡，其「外道內法」、刑德結合的成功在思想上和政治上給「外儒內法」提供了借鑒。黃老之學立足於道家的無為，這與儒家的仁政頗有相通之處，得此契機，「在『黃老無為』這面旗幟的掩蓋之下，長時期處於對立的儒法兩家，也逐漸擺脫了原來那種勢不兩存的緊張關係，一步步地突破學派門戶的界限，轉向於相對的統一。」〔註21〕

二、陽儒陰法的內涵和特徵

韓裔美籍學者張純先生和臺灣學者王曉波先生在其合著的《韓非思想的歷史研究》一書中專章探討了「漢代陽儒陰法的形成和確立」，他們認為：「『陽儒陰法』有三個層面的意義，一為以儒家的理論提出而實踐上為法家的主張，其中有『儒家化』的法家，也有『法家化』的儒家。二為在政治上以儒家掌『教化』，而以法家掌『吏治』。故儒家『言』而法家『行』。三在意識形態上，提倡儒家的理想，而在現實政治上實行法家的制度。」〔註22〕

筆者則認為，對於「陽儒陰法」的內涵和特徵，可從以下幾個方面去領會：

第一，「儒」受寵，「法」被貶。

在秦代，尚力任法、「爭於氣力」的法家備受推崇，是意識形態的核心，所以，在政治理論思維上與法家背道而馳而崇尚仁義、「競於道德」的儒家必然受到冷遇乃至壓制。然而，對於秦王朝來說，成也法家，敗也法家，所謂「為秦開帝業」，亦「為秦致亡道」〔註23〕——在法家理論指導下，秦嘗甜頭

〔註20〕 劉毓璜：《先秦諸子初探》，第 246 頁。

〔註21〕 劉毓璜：《先秦諸子初探》，第 243 頁。

〔註22〕 張純、王曉波：《韓非思想的歷史研究》，第 249 頁，北京，中華書局（據臺灣聯經出版事業股份有限公司 1983 年版影印），1986。

〔註23〕 《鹽鐵論·非鞅》。

在前，吃苦頭在後。有鑒於此，在秦王朝迅速敗亡的廢墟上建立起來的漢王朝，自然不會再將主流意識形態的天平向法家傾斜，而是充分聽取知識分子主流派的意見，作出了新的歷史選擇——以經過董仲舒們改造的儒家理論作為意識形態的核心，充分發揮其「德治」的功能，將其倫理哲學用以維繫國與民、君與臣的上下關係，維護封建王朝的長治久安。實踐證明，漢代統治者的這一選擇是明智的。

第二，「儒」是表，「法」是裏。

誠如漢宣帝所言，漢代雖然把儒家學說作為官學，但在現實政治上卻是實行法家的制度，所謂「漢家自有制度，本以霸王道雜之，」並不是「純任德教。」〔註24〕

漢朝的政權性質決定了其底蘊還是法家的那些東西。既為中央集權的專制政體，便須與也離不開專制主義的思想基礎及專制制度的基本框架，倘若從表到裏都把追求「溫、良、恭、儉、讓」，片面強調德治的儒學奉為圭臬，專制主義中央集權的封建國家就有如被抽去脊梁骨，根本無法有效運作。況且，將法家學說的影響從表到裏全面清除，與「前主所是著為律，後主所是疏為令」〔註25〕的專制君統也是相牴牾的。

然而，漢初的環境和氛圍，已容不得法家在政治舞臺和思想領域再唱主角；暴秦的速亡，也迫使最高統治者不得不對主流意識形態作新的調整和選擇。在漢儒的極力推薦下，經過其重新包裝的儒學受到了最高統治者的青睞。

「罷黜百家，獨尊儒術」在漢代的提出，顯著地提高了儒家的地位，讓其成為新的官學，這是顯性的一面。與此同時，作為隱性的一面，法家從臺前退到了幕後，繼續發揮著實際的作用。最高統治者中，骨子裏往往還是信奉法家那一套。雖然在整個漢代，崇儒貶法始終是意識形態領域的主旋律，但最高統治者中卻不乏陽儒陰法者。如漢文帝就「好刑名之言，」〔註26〕史稱其「外有輕刑之名，內實殺人。」〔註27〕曾被犯顏直諫的汲黯當面批評「內多欲而外施仁義」〔註28〕的漢武帝，聽其言再觀其行，同樣是一外儒內法的典型人物。東漢永元年間歷任大司農、廷尉、司空等職的法律專家陳寵所說

〔註24〕均見《漢書‧元帝紀》。
〔註25〕《史記‧酷吏列傳》。
〔註26〕《史記‧儒林列傳》。
〔註27〕《漢書‧刑法志》。
〔註28〕《史記‧汲鄭列傳》。

「禮之相去，刑之所取，失禮則入刑，相爲表裏者也」〔註29〕等一番話，精闢地勾勒出了禮與刑及儒與法的表裏關係。晉代葛洪直言「仁者，爲政之脂粉；刑者，御世之轡策。脂粉非體中之至急，而轡策須臾不可無也。肅恭少怠則慢惰已至，威嚴暫弛則群邪生心。當怒不怒，姦臣爲虎；當殺不殺，大賊乃發」。〔註30〕更一語中的地點破了德主刑輔的虛僞和外儒內法的本質。自東漢以降，作爲「表」之儒學，在不同的朝代不斷「變臉」，在東漢時期，儒家學說帶有濃重的讖緯色彩；魏晉時期，融入道玄思想，成了「老莊之儒」；南北朝隋唐時期，匯合佛學思想，又成了「浮屠之儒」；及至宋、元、明時期，更綜合各門學說，進行了更加精緻的改造，成了「道學」「心學」之儒。然而在這二千來年裏，作爲「裏」之法家，其思想精髓已被融入意識形態和典章制度的主流，其霸道之術一直爲歷代統治者所不離不棄，在政治上發揮著不可替代的作用。

第三，治世用「儒」，亂世用「法」。

先秦法家認爲，「威勢之可以禁暴，而德厚之不足以止亂也。」〔註31〕儒家崇尚德治，高度重視教化的作用。但在戰亂不已、政治動蕩的年代，王道、德治的力量往往大打折扣，以實力和強力爲後盾的霸道、法治用來則得心應手。生活在戰國中、後期的荀子對此已有認識，他說：「古者刑不過罪，爵不踰德」。「亂世則不然，刑罰怒罪，爵賞踰德，以族論罪，以世舉賢」。〔註32〕對亂世中實行厚賞和重刑持肯定的態度。對此，後世一些史學家和政論家更相繼進一步作了具體、生動的闡述。東漢崔寔在《政論》中論曰：「蓋爲國之法，有似理身，平則養，疾則攻焉。夫刑罰者，治亂之藥石也；德教者，興平之粱肉也。夫以德教除殘，是以粱肉理疾也；以刑罰理平，是以藥石供養也。」〔註33〕東漢荀悅總結歷史經驗時也說：「上教化而下刑法，右文德而左武功，此其義也。或先教化，或先刑法，所遇然也。撥亂抑強則先刑法，扶弱綏新則先教化，平安之世則刑教並用。大亂無教，大治無刑，亂之無教，勢不行也，治之無刑，時不用也。」〔註34〕前秦儒者王猛，任始平令時，針

〔註29〕 《後漢書・陳寵傳》。

〔註30〕 葛洪：《抱朴子・外篇》卷十四《用刑》。

〔註31〕 《韓非子・顯學》。

〔註32〕 均見《荀子・君子》。

〔註33〕 《後漢書・崔駰傳附崔寔傳》。

〔註34〕 荀悅：《前漢紀》卷二十三，《孝元皇帝紀下卷》，《四部叢刊》本。

對「豪右縱橫，劫盜充斥」的社會現狀，下車伊始即「明法峻刑，澄察善惡，禁勒豪強。」符堅責備他說：「爲政之體，德化爲先，蒞任未幾而殺戮無數，何其酷也！」王猛答曰：「臣聞宰寧國以禮，治亂邦以法。陛下不以臣不才，任臣以劇邑，謹爲明君翦除凶狡。……酷政之刑，臣實未敢受之。」〔註35〕如此等等，不一而足。

如前所述，漢儒推崇德治的同時，並未完全擯棄法治，而是主張「刑德二柄」並用，只不過是「德主刑輔」而已。法治在階級社會中的不可或缺，不言而喻，尤其是在亂世，其作用更爲明顯，非德治、教化所能代替。對此，曹操曾總結道：「治定之化，以禮爲首；撥亂之政，以刑爲先。」〔註36〕可謂眞知灼見。

綜上所述，漢代陽儒陰法的演進，雖濫觴於先秦的儒法合流，但作爲完整思想體系及政治格局的構建，乃倚力於漢初君臣。他們在特定的歷史條件下，審時度勢，對上層建築進行改造，對意識形態主流重新包裝，形成了以陽儒陰法爲主要特徵的新體系、新框架。自此起，陽儒陰法的思想模式和政治格局一直延續至中國封建社會結束。

第二節　陽儒陰法對中國歷史的影響

秦漢以降至清末兩千來年的中國政治史，以統一和集權爲主題；而自漢代以後，歷代王朝都以陽儒陰法的方式統治中國。以上兩個方面，前者是既定的政治目標，後者是隱性的保障手段，二者之間有著必然的內在聯繫。

陽儒陰法是思想模式，是政治奇觀，是權術謀略，是治國手腕。以往對「陽儒陰法」的探討，以平面觀察和分析居多，而較少把其作爲一個綜合體研究之，辯證地去認識它的兩面性乃至多面性，因而對陽儒陰法豐富內涵和深遠影響的理解和詮釋也受到局限。筆者認爲，在分析這一奇特的歷史現象時，從多個角度去探索陽儒陰法的源和流，才能凸現陽儒陰法中「法」不可或缺的地位，從正（法治精神）、反（專制主義）兩方面考察法家核心理論的歷史地位，從而眞正領會陽儒陰法存在的必然性、合理性，並進而把握其對中國歷史發展進程的重大影響。

〔註35〕均見《晉書·王猛載記》。
〔註36〕《三國志·魏書·高柔傳》。

一、確立了儒學的官學地位

陽儒陰法在本質上是禮和法的結合，但亮出的旗幟是「獨尊儒術」，由此在政治上和法律上確立了儒學的官學地位，讓其作為國家機器的外包裝，在意識形態領域發揮主導作用，左右著漢代以降封建社會的道德生活和精神生活。

儒學作為官學，對中國社會的影響是方方面面的，其中最為直接和深刻的是對中國倫理政治的影響。

與道家崇尚自然的傳統不同，儒家的傳統是崇尚道德，她充分意識到道德對於社會穩定和發展的重要作用，因之倡導修己安人之學，把個人價值置於社會價值之中，大力提倡人性的修養，所謂「我欲仁，斯仁至矣」。〔註37〕在律己修身的同時追求齊家治國平天下，經世致用，「內聖外王」，〔註38〕達到「為政以德，譬如北辰，居其所而眾星共（拱）之」〔註39〕的境界和效果。儒家認為，人的信念和道德之力量是無所不克的，社會秩序完全可以建立在統治者道德人格的感召力量之上。自儒學成為中國傳統政治思想的主流後，諸儒便以「道之以德，齊之以禮」的道德精神與溫和方式去誘導人們忠於皇權至上的封建專制主義，既在很大程度上淡化了法家嚴而少恩的冷酷無情，又會同「道之以政，齊之以刑」〔註40〕的法家殊途同歸地鞏固了專制君統，在緩和社會矛盾，穩定封建秩序方面，發揮了顯著的作用。

二、穩定了「霸王道雜之」的政治文化模式

陽儒陰法格局形成的過程，也是「霸王道雜之」政治文化模式形成和穩定的過程，它讓法家思想理論得以繼續在政治、法律領域發揮潛在的功能，穩定和加強著封建專制主義，對中國封建社會的長期延續、緩慢發展起了至關重要的作用。

如前所述，自漢代以降，在「霸王道雜之」的政治文化模式下，法家的思想精髓已被融入意識形態和典章制度的主流，其霸道之術一直為歷代統治者所不離不棄，在政治上發揮著不可替代的作用。

在統治思想方面，先秦諸子多有從不同角度提出「治人先治心」者。孔

〔註37〕《論語‧述而》。
〔註38〕《莊子‧天下》。
〔註39〕《論語‧為政》。
〔註40〕均見《論語‧為政》。

子提倡「道之以德，齊之以禮」，要用君子之德去感化和示範於民（小人）：「君子之德，風；小人之德，草。草上之風，必偃」。〔註 41〕孟子認為，「天下不心服而王者，未之有也」，〔註 42〕故「善政不如善教之得民也。善政，民畏之；善教，民愛之。善政，得民財；善教，得民心」。〔註 43〕儒家提出「古之欲明明德於天下者，先治其國；欲治其國者，先齊其家；欲齊其家者，先修其身；欲修其身者，先正其心；欲正其心者，先誠其意；欲誠其意者，先致其知；致知在格物。」〔註 44〕可知，其「修身、齊家、治國、平天下」的政治理想是以「正心」為前提的。稷下道家則主張「聖人裁物，不為物使。心安是國安也，心治是國治也。……治心在於中，治言出於口，治事加於民。故功作而民從，則百姓治矣」，〔註 45〕同樣把治心作為治國的根本。法家主張「禁姦之法，太上禁其心，其次禁其言，其次禁其事」，〔註 46〕也贊同治理臣民先從思想上（心上）入手，但不同的是，她使用的是極端的方法和手段，認為要穩定和加強統治，就須「言軌於法」，「以吏為師」，〔註 47〕杜絕一切背離法令的思想和學說，禁絕所有不利於現政權的言論，強迫人們無條件地服從統治者尤其是君主的意志。兩漢以降，在法家這些觀念意識的指導下，歷代統治者多實行文化專制，運用強權鉗制臣民的思想言論，訂立法律控制人們的精神生活，如漢律中的「腹誹之法」，〔註 48〕明清兩朝的文字獄等，都是典型之例。

在法律實踐領域，法家傳統的深遠影響是顯而易見的。封建的法律制度和法律思想濫觴於戰國，確立於秦漢，如前所述，從「專任刑罰」的秦代到禮治與法治相結合的漢代，實現了儒學的「法典化」和法律的「儒學化」，建立起了相對穩定、逐步成熟的封建法律制度。雖然自漢以降歷代王朝在制定國策時，都標榜德政以收民心，但離開了刑罰，則社會秩序無法維持，分裂勢力難以控制，專制主義中央集權的鞏固也就是空話一句。「刑法者，國家之

〔註 41〕　《論語‧顏淵》。
〔註 42〕　《孟子‧離婁下》。
〔註 43〕　《孟子‧盡心上》。
〔註 44〕　《禮記‧大學》。
〔註 45〕　《管子‧心術下》。
〔註 46〕　《韓非子‧說疑》。
〔註 47〕　《韓非子‧五蠹》：「以法為教，……以吏為師；……是境內之民，其言談者必軌於法。」
〔註 48〕　《史記‧平準書》。

所貴重，而私議之所輕賤。」〔註49〕儘管在社會輿論中，對刑罰暴力的使用絕少褒揚之辭，認爲刑爲「盛世所不尚」，但又不能不承認，「刑爲盛世所不能廢」，〔註50〕更不要說亂世了。其實，董仲舒等的「德主刑輔」論，在力挺儒家「德」的同時，也在輿論上給法家的「刑」落實了政策，留下了運作的空間。漢代以後，雖然歷代封建統治者不再將「法治」二字掛在嘴上，但在政治實踐中，卻無不信奉和借助刑罰的威力去鞏固自己的統治地位。從歷史的發展趨勢來看，漢代以降歷朝，在建國初期，刑罰一般還比較寬平，到中後期則往往法制失控，酷刑泛濫。而愈到封建社會後期，傳統德治、教化的作用力便愈加下降和失效，統治階級尤其是專制君主，往往比前朝更露骨地借助刑罰的暴力手段去控制和鎮壓臣民，如明代錦衣衛及東廠的肆虐，其殘酷和血腥，與秦代相比有過之而無不及。

　　法家的思想遺產中，獨裁及權術部分向被認爲是爲君主專制服務的理論，最受中國古代統治者尤其是封建帝王的青睞。法家學說系統、詳盡地爲君主專制主義提供了理論基礎、思維方式、權術陰謀等，無論是廣度還是深度，後世再無人能超越他們在這方面的建樹。歷代統治者尤其是專制君主，在加強封建專制主義中央集權、實行獨裁統治、玩弄陰謀權術等方面不論如何別出心裁、變換花樣，都萬變不離其宗，跳不出韓非等提出的方略和劃定的思路。如在個人獨裁方面，慎子提出「臣下閉口，左右結舌」。〔註51〕「民一於君，事斷於法，是國之大道也。」〔註52〕韓非也認爲「道無雙，故曰一，是故明君貴獨道之容。」〔註53〕均從哲學的角度把獨裁統治上陞爲「道」，爲君主專制找到理論基礎。歷代帝王在獨斷專行時有這些理論爲根據，則底氣更足，一意而孤行。封建君主專制的長期存在，皇權至上思想的牢固樹立，在防止社會分裂、維護國家統一的同時，又扼殺了社會發展的活力，抑制著封建統治集團內部改革的動力，使中國封建社會內部結構逐步僵化，從而漸次走向沒落。

　　綜上所述，在陽儒陰法的思想、政治模式下，法家統治思想和統治模式對後世歷朝歷代的有力穿透和長久影響，法家法律思想和法律實踐爲中國封

〔註49〕《三國志・魏書・衛覬傳》。
〔註50〕均見紀昀等：《四庫全書・史部・政書類・法令之屬》。
〔註51〕《慎子》逸文，姜玉山、呂慶業主編《中國法家文化名著》本，延邊大學出版社，1995。
〔註52〕《慎子》逸文。
〔註53〕《韓非子・揚權》。

建社會法律制度確立所奠定的厚實基礎，法家專制獨裁理論對歷代統治者尤其是專制君主磁石般的吸引魔力，無不在中國封建社會緩慢發展進程中處處表現其不可替代的作用力。在封建社會前、中期，這種作用力主要與封建社會的逐漸成熟相映輝，鞏固和強化專制主義中央集權制度，爲封建社會的上陞和良性發展保駕護航；但到了封建社會後期，它又主要與封建社會的日益沒落相依伴，變爲反作用力，成了下降期中封建社會生產力和生產關係的桎梏，導致社會的僵化和停滯不前。

三、法家對中國封建社會發展進程的影響

在陽儒陰法的漫長歲月裏，法家的一些重要思想觀念繼續在社會政治、經濟領域發揮作用，對封建社會的發展進程有著深遠的影響。

有學者認爲，先秦法家的思想遺產，可分爲良性遺產、劣性遺產和中性遺產等三類，〔註54〕而法家的主要精神，則有「尊君與尚法」、「（立）公法與（去）私情」、「公端之心與明法審令」、「不避權貴與刑無等級」「法隨時變與移風易俗」等幾個方面。〔註55〕筆者則認爲，除上文已特別提到的專制獨裁思想和權謀之術外，對漢代以降社會政治、經濟生活影響較大的，還有「以法爲本」、「重農抑商」等思想觀念。

1、崇尚法治

充分運用法律的手段去治吏和治民，以達到調整社會關係、穩定社會秩序、鞏固統治地位的目的，是法家「法治」理論的實質內涵，也是行之有效的治國方法。由於暴秦殃及法家也聲名狼藉，自西漢起，歷代封建統治者都忌諱直言法家，但在政治實踐中，卻無法擺脫法家「以法爲本」思想的影響，有意無意地繼續貫徹法治理論的實質內涵。

「法者，……存亡治亂之所從出，聖君所以爲天下大儀也。」〔註56〕與陽儒陰法的政治格局如出一轍，統治者對法治的這種需求和重視是發自內心的。從表面上看，漢武帝「獨尊儒術」，但其骨子裏的潛意識卻是「法令，漢家之經」，〔註57〕他對法治的一手根本就沒放鬆過，其在位期間，「招進張湯、

〔註54〕 參看武樹臣、李力：《法家思想與法家精神》第 2 版，第五章，北京，中國廣播電視出版社，2007。
〔註55〕 參看武樹臣、李力：《法家思想與法家精神》第 2 版，第三章，。
〔註56〕 《管子·任法》。
〔註57〕 《論衡·程材》。

趙禹之屬，條定法令……禁網寖密，律令凡三百五十九章，大辟四百九條，千八百八十二事，死罪決事比萬三千四百七十二事，文書盈於幾閣，典者不能遍睹」。〔註58〕可以說，明倡儒經，暗行法術的漢武帝爲後世君王樹立了一個陽儒陰法的典範。同樣可說明問題的是，定調「王霸道雜之」的漢宣帝曾稱：「蓋聞有功不賞，有罪不誅，雖唐虞猶不能以化天下」。〔註59〕故有「宣帝不甚從儒術，任用法律」；〔註60〕「孝宣之治，信賞必罰，綜覈名實，政事文學法理之士咸精其能」；〔註61〕「宣帝所用多文法吏，以刑名繩下」〔註62〕等史載。東漢張衡雖然不認同「法令，漢家之經」的說法，認爲在當時的社會中，「儒生所學者，道也；文吏所學者，事也。……儒生治本，文吏理末」。「文吏以事勝，以忠負；儒生以節優，以職劣。二者長短，各有所宜，世之將相，各有所取」。但卻無法推翻「文吏治事，必問法家。縣官事務，莫大法令。必以吏職程高，是則法令之家宜最爲上」〔註63〕的社會現實。漢代以降，能從長治久安的高度去深刻認識法治重要性的，不乏其人。西漢大臣晁錯曾說：「其立法也，非以苦民傷眾而爲之機陷也，以之興利除害，尊主愛民而救暴亂也。」〔註64〕西漢文士桓寬引御史大夫桑弘羊語曰：「繩之以法，斷之以刑，然後寇止姦禁。故……治者因法。」〔註65〕東漢學者王符在《潛夫論·述赦》中論曰：「法令行則國治，法令弛則國亂。」《資治通鑒·唐紀三十五》曰：「國以法理，軍以法勝。……王法有無，國家乃爲之輕重。」《新五代史·王建立傳傳論》曰：「自古亂亡之視國，必先壞其法制，而後亂從之。」如此等等，不勝枚舉。

在法家思想的影響下，歷代的政治舞臺上出現眾多推崇法治的政治家和改革家。如三國「攬申、商之法術，該韓、白之奇策」，〔註66〕主張「撥亂之政，以刑爲先」〔註67〕的曹操；遺詔敕後主劉禪「可讀《漢書》、《禮記》，閑

〔註58〕《漢書·刑法志》。
〔註59〕《漢書·宣帝紀》。
〔註60〕《漢書·蕭望之傳》。
〔註61〕《漢書·宣帝紀》贊。
〔註62〕《漢書·元帝紀》。
〔註63〕均見《論衡·程材》。
〔註64〕《漢書·晁錯傳》。
〔註65〕《鹽鐵論·大論》。
〔註66〕《三國志·魏書·武帝紀》。
〔註67〕《三國志·魏書·高柔傳》。

暇歷觀諸子及《六韜》、《商君書》，益人意志」〔註 68〕的先主劉備和治國治軍「科教嚴明，賞罰必信」〔註 69〕的諸葛亮；前秦主張「宰寧國以禮，治亂邦以法」〔註 70〕的王猛；北宋「立朝剛毅」，「惡吏苛刻」，「正刑明禁」〔註 71〕的包拯和重視法治推行變法，認爲「立善法於天下則天下治，立善法於一國則一國治」〔註 72〕的王安石；明代主張「尊主權，課吏職，信賞罰，一號令」，〔註 73〕被時人于慎行（翰林院侍講）譽爲「以繩法天下而間結以恩」〔註 74〕的張居正；等等，都是踐行法家治國思想的代表人物。他們在歷史上的作爲和貢獻，往往與其所處的特殊時期相關聯，法家思想在這些政治家身上得到了特殊的顯性表現。誠然，在二千來年的歷史長河中，法家法治觀念對人們尤其是統治階級上層的影響，更多地體現在隱性的潛意識裏，與儒家思想揉合，共同發揮穩定統治的作用。儒法合流的成果及由此產生的作用，貫穿於兩漢至明清，這是中國古代史的一個重要特點，法家「以法爲本」思想對封建社會持續影響之史實，爲說明這一問題提供了有力的論據。

2、重農抑商

中國封建社會的經濟形態，一直是自給自足的自然經濟，以農立國，以農爲本，始終是歷代統治者治國安邦、富國富民的重要國策。

遠在西周、春秋時期，統治者就已相當重視農業，但在那時，對於工商業也不鄙視。因爲當時的工商業幾乎是清一色官營，處於統治者的直接控制下並爲他們服務，所以那時尚未出現歧視商業和商人的觀點，而是注重「通商、寬農、利器」，〔註 75〕對農、工、商三業一視同仁，無分厚薄。

到了戰國初、中期，情形就不同了。在社會變革的動蕩中，各地區的經濟聯繫和文化聯繫加強了，商品交換隨著封建土地所有制的發展而日益頻繁，「天下熙熙，皆爲利來，天下攘攘，皆爲利往」，〔註 76〕私人工商業應運

〔註 68〕《三國志·蜀書·先主傳》裴松之注引《諸葛亮集》載先主遺詔言。

〔註 69〕《三國志·蜀書·諸葛亮傳》。

〔註 70〕《晉書·王猛載記》。

〔註 71〕《宋史·包拯傳》。

〔註 72〕 王安石：《周公》，《王安石全集》本，長春，吉林人民出版社，2006。

〔註 73〕《明史·張居正傳》，《二十五史》本，上海，上海古籍出版社、上海書店，1986。

〔註 74〕 談遷：《國榷》卷七十二，神宗萬曆十二年，北京，古籍出版社，1958。

〔註 75〕《國語·晉語》，韋昭注本，上海，上海古籍出版社，2015。

〔註 76〕《史記·貨殖列傳》。

而盛。當時的商人和手工業者，「逐什二以爲務」，〔註77〕在經營中可得二成以上的利潤。不少人鑒於「用貧求富，農不如工，工不如商」，〔註78〕便產生了背井離鄉、棄農經商的觀念，這就是馬克思所說的「原來土著的居民也被吸引到有利益的地方去」。〔註79〕由於商品經濟的長足發展，會對自然經濟爲基礎的生產方式起到侵蝕和分解的作用，當封建統治階級意識到不能容忍這種潛在的威脅時，爲了維護農業在封建經濟中至高無上的地位，便對新興的私人工商業採取了壓抑的政策。

商鞅是中國重農抑商思想的鼻祖，是把「抑商」和「重農」同時定爲基本經濟政策的第一人，他認爲，「國所以興者，農戰也」，「國待農戰而安。」〔註80〕爲保證「民不逃粟，野無荒草」，〔註81〕商鞅提出在「事本」的同時還需「禁末」，〔註82〕採取了「重關市之稅」、「以商之口數使商」、「使商無得糴，農無得糶」〔註83〕和「事末利及怠而貧者，舉以爲收孥」〔註84〕等措施，對工商業等採取了苛嚴的限制，打擊不利於農業生產的思想和行爲，確保了農業在國民經濟中的地位，「重農抑商」（或稱「重本抑末」）也由此成爲中國封建社會的正統經濟思想。

商鞅提出重農抑商的思想，主題在重農，抑商的目的在於勸農，並非根本否定商業的作用，也無欲置商業於死地的意思。他曾說過：「農、商、官三者，國之常食官也。農闢地，商致物，官法民。」〔註85〕又說：「農少商多，貴人貧，商貧，農貧。三者貧，必削。」〔註86〕可見他對商業的作用是有所認識的。其所以對商業如此苛嚴地限制和壓抑，蓋因當時商業對農業有較大的干擾和破壞，倘不抑商，重農也就是空話一句，從這一意義上說，抑商是由重農中派生出來的。

〔註77〕 《史記‧蘇秦列傳》。
〔註78〕 《史記‧貨殖列傳》。
〔註79〕 馬克思：《資本主義生產以前各形態》（單行本），第13頁，北京，人民出版社，1956。
〔註80〕 《商君書‧農戰》。
〔註81〕 《商君書‧去強》。
〔註82〕 《商君書‧壹言》。
〔註83〕 《商君書‧墾令》。
〔註84〕 《史記‧商君列傳》。
〔註85〕 《商君書‧弱民》。
〔註86〕 《商君書‧去強》。

在儒法合流的歷史進程中曾起過非凡作用的荀況，也主張「抑商」即限制工商業的發展，他認為，工商業是不生產財富的，「工商眾，則國貧」，故要「省工商，眾農夫」。〔註87〕

韓非繼承了商鞅、荀況的事本抑末思想，較為明確地把「末」解釋為工商業，認為只有從事農業才是生產勞動，將工商業排斥在生產的範疇之外，並把工商業者列為「五蠹」之一，要「除此五蠹之民」，主張施行「使其商工遊食之民少而名卑」的政策，即壓縮工商業者的人數並打壓他們的社會地位，以扭轉「寡趣本務而趨末作」〔註88〕的不良現象。

中國古代的重本抑末論，濫觴、定型於法家的商鞅、韓非，之後，一直作為封建社會經濟領域的主流思想，左右著歷代統治者的經濟政策。這一現象，明末清初的王夫之將之總結為「商賈者，王者之所必抑。」〔註89〕西漢建國之初，在休養生息的總政策下，亦採取重農抑商的措施，「禁人二業，錮商賈不得宦為吏」，「令商人不得衣絲乘車，重稅租以困辱之。」〔註90〕漢武帝時制定的鹽鐵官營、算緡告緡、平準均輸等行政措施，都是為了抑制富商和豪強。東漢初曾執行桓譚「舉本業而抑末利」〔註91〕的主張，抑制富商大賈。魏晉南北朝時期，有關重農抑商的文獻記載充斥各朝，試引數例如下：

〔晉武帝泰始〕五年春正月癸巳，申戒郡國計吏守相長令，務盡地利，禁遊食商販。〔註92〕

〔晉武帝泰始中〕詔以比年飢饉，議所節省。攸奏議曰：臣聞先王之教，莫不先正其本。務農重本，國之大綱。……今……都邑之內，遊食滋多，巧伎末業，服飾奢麗……，靡財害穀，動復萬計。宜申明舊法，必禁絕之。〔註93〕

〔晉安帝義熙中〕豹上議曰：……耕耨勤悴，力殷收寡，工商逸豫，用淺利深，增賈販之稅，薄疇田之賦，則末技抑而田疇

〔註87〕 均見《荀子·君道》。
〔註88〕 均見《韓非子·五蠹》。
〔註89〕 王夫之：《讀通鑑論》卷一四，《孝武帝》，《四部備要》本。
〔註90〕 《後漢書·桓譚傳》。
〔註91〕 《漢書·食貨志》。
〔註92〕 《晉書·武帝紀》。
〔註93〕 《晉書·齊獻王攸傳》。

喜矣。〔註94〕

　　〔梁武帝天監初郭祖深上書曰：〕……今商旅轉繁，遊食轉
眾，耕夫日少，杼軸日空。陛下若廣興屯田，賤金貴粟，勤農桑
者擢以階級，惰耕織者告以明刑。如此數年，則家給人足，廉讓
可生。〔註95〕

　　隋唐和宋元時期，統治階級通過加重稅收，在實施超經濟強制掠奪的同
時，也壓抑了民間工商業的發展，隋的「課天下富室，益市武馬……富強坐
是凍餒者，十家而九」。〔註96〕唐的「商稅間架之法」（向城市居民濫徵房屋
稅）和宋的經制、總制二錢，均屬此列。宋元之際的馬端臨洞察封建社會前、
後期商人和國家關係之變化，一針見血地總結曰：「古人之立法，惡商賈之趨
末而欲抑之；後人之立法，妒商賈之獲利而欲分之。」〔註97〕明清時期，隨
著資本主義萌芽的出現，統治者實行礦禁、閉關禁海、重徵賦稅等政策，繼
續限制工商業的發展，清雍正皇帝曾說：「……農為天下之本務，而工賈皆其
末也……市肆中多一工作之人，即田畝中少一耕稼之人；且愚民見工匠之利
多於力田，必群趨而為工。群趨為工，則物之製造者必多，物多則售賣不易，
必至壅滯而價賤。是逐末之人多，不但有害於農，而並有害於工也。」〔註98〕
其強本抑末之用心，昭然若揭。

　　如上所述，法家商鞅、韓非等提出的重農抑商思想，自漢代以降向為統
治者所認同，並由此形成歷代王朝的重本抑末政策，在二千來年的封建社會
中奉行不替，只是具體措施和寬嚴程度各有不同而已。它對歷史所產生的影
響，既有積極的一面也有消極的一面。在封建社會的上陞時期，實行重農抑
商政策，以切實維護封建主義的經濟基礎，不斷提高農業生產的水平，是符
合經濟發展規律的，因而有著積極的意義。在封建社會下降時期，商品經濟
自唐宋以後空前發達，到明中葉以後，資本主義的因素已漸漸成長起來。在
這樣的歷史條件下，封建統治者仍出於本能地將重農抑商的傳統政策延續下

〔註94〕《宋書‧袁湛傳附袁豹傳》。
〔註95〕《南史‧循吏郭祖深傳》。
〔註96〕《隋書‧煬帝紀》。
〔註97〕馬端臨：《文獻通考》卷二〇《市糴考一》，上海師範大學古籍研究所、華東
　　　　師範大學古籍研究所點校本，北京，中華書局，2011。
〔註98〕《世宗實錄》卷五十七，雍正五年五月己未（初四）日，《清實錄》（七）本，
　　　　北京，中華書局，1985。

來，乃嚴重阻礙了中國資本主義因素的產生和發展，造成了近代中國的落後。誠如黃仁宇先生所言，漢唐之所以先進，乃得益於對先進農業經濟的扶助；而明清之所以落後，亦同樣歸咎於對落後農業經濟的維護。〔註99〕自南宋葉適批評「抑末厚本，非正論也」〔註100〕以後，封建社會下降期中的許多有識之士，如李覯、黃宗羲、顧炎武等，紛紛呼籲重視商業和手工業，與以工商為末的傳統觀念分庭抗禮，但始終未能形成主流，難以影響和改變當政者的思路及政策，因之中國的資本主義因素長期處於萌芽狀態。一言以蔽之，傳統的強本抑末思想和政策，是造成中國封建社會末期停滯不前、緩慢發展的重要根源。

綜上所述，自漢代起，在封建專制政治、文化模式中，儒家和法家一顯一隱（一陽一陰），一柔一剛（一軟一硬），相作表裏，互為補充，共同在維護封建秩序和延續封建統治方面發揮重大作用。陽儒陰法現象對歷史的影響，有正面者也有負面者，應辯證地去認識。

〔註99〕 參看黃仁宇：《萬曆十五年‧自序》，北京，中華書局，1982。
〔註100〕 葉適：《習學記言序目》卷十九《史記一‧書》，《學術筆記叢刊》本273頁，北京，中華書局，1977。原文為：「夫四民交致其用而後治化興，抑末厚本，非正論也。使其果出於厚本而抑末，雖偏，尚有義。若後世但奪之以自利，則何名為抑？恐此意遷（筆者按：遷，司馬遷）亦未知也。」

餘論：構建「商韓之學」

當前，對法家的研究雖然取得不少成果，有了顯著的進步，但與儒家、道家等熱門學派的研究相比，則尚顯「冷清」，與今後民主法制建設的加快發展恐不相適應。為此，在本書殺青之際，筆者乃不揣淺陋、大膽建言，提出構建「商韓之學」之設想，以就教於方家。

從漢代到清代，對法家的評價基本上呈一邊倒的否定態勢，相應地，在學術意義上對法家的研究也很是冷寂，只是間或通過對法家代表作《商君書》、《韓非子》進行注解的方式體現出來。至近、現代，陸續有人公開站出來為法家辯誣和翻案，法家重新受到重視，研究者和研究成果漸多。從二十世紀七十年代開始，臺港和大陸學者對法家的研究進一步升溫，研究成果顯著增加，廣度和深度都有所突破，商鞅和韓非作為法家的主要代表人物，自然也備受關注，是研究的主要對象。但如前所述，由於在諸子學領域研究的熱門始終集中在儒家和道家，傾心於法家研究且成果卓著者為數不多，對法家的研究始終未能形成一個群體，未建立起較為完整的體系。雖然「商學」、「韓學」、「商韓之學」等名詞概念也偶見於個別論著，但極少就此展開闡述，其內涵並不十分明確，其理論框架並未真正搭起。鑒此，筆者認為，在個體深入研究法家思想理論及其歷史地位的基礎上，加強合作、增大投入，集團隊之合力，共同構建一門體系完整、框架清晰、內涵豐富、重點突出、足以集法家之大成和熔古今研究成果於一爐並充滿研究活力的學科即「商韓之學」，是一項有著歷史意義和現實意義的工程。

構建商韓之學，應以對商鞅、韓非及其著述的研究為重點和突破點，在學術上將法家的研究進一步系統化、專題化、信息化，使該領域的研究得以

　　確立新的目標和起點，建立新的組織和網絡，採用新的方法和手段，不斷達到新的水平、產出新的成果。

　　構建商韓之學，應最大限度地加大對法家研究的投入，以收中、長期之成效。包括專門學術組織（團體）、機構的建立和發展、專門學刊的創辦、專項研究經費的投入和使用、專項研究課題的規劃和分工、專門學術會議的籌劃和召開、專項學術成果的評定和推廣，等等，都應當積極醞釀，盡快擺上議事日程，納入國家社會科學研究的總規劃之中。

　　構建商韓之學，應與當代民主法制的發展和演進緊密結合。法家主張和推行的法治，是歷史上法治的一種形態，我們應持歷史和科學的態度對待法家文化遺產，根據商韓之學以「法」爲中心的特點，在明確以刑法爲主的古代法治與現代意義上的民主化的法治存在本質區別的同時，著力研究先秦法家所建立的以法治學說爲中心的治國理論的歷史地位及其在正反兩方面對後世的影響，批判地繼承我國的傳統法文化，以史爲鑒，結合我現實國情推進民主法制的建設。

　　構建商韓之學，需有更多的有識之士、專家學者以滿腔熱情積極參與，做大量、艱苦的研究工作，並需大力加強個人與個人、團體與團體、（本國）地區與地區、國內與海外之間的協作，建立起法家研究的網絡，填補空白，互通信息，共享成果，從微觀到宏觀深入細緻、持之以恒地開展卓有成效的研究，花大氣力將商學、韓學、商韓之學等建設成有如孔學、孟學、孔孟之學和老學、莊學、老莊之學一樣的熱門學科。

　　末了，借用當代著名清史專家閻崇年先生的一段話，與學界同仁共勉：

　　「此前，於滿洲的歷史與文化，中外學者，多有研究，但以學科而言，有蒙古學，有藏學，卻沒有滿洲學即滿學。從上個世紀八十年代後期開始，我和國內外同仁一起，篳路藍縷，開創滿學，給出滿學定義，創立北京滿學會，出版《滿學論集》，主編《滿學研究》和《20 世紀世界滿學著作提要》，倡議並主持第一屆至第五屆國際滿學研討會。滿學已被接納爲人文社會科學的一個新學科。」〔註1〕

　　閻先生及其同仁在滿學方面的知與行，非常值得吾儕有志於法家研究和商學、韓學研究的學人借鑒、思考和踐行。

〔註 1〕閻崇年：《清朝開國史·自序》，北京，中華書局，2014。

主要參考文獻

一、古籍資料

1. 左丘明:《左傳》,杜預集解本,上海,上海古籍出版社,2015。

2. 左丘明:《國語》,韋昭注本,上海,上海古籍出版社,2015。

3. 《戰國策》,繆文遠等譯注本,北京,中華書局,2012。

4. 《管子》,《新編諸子集成》收黎翔鳳《管子校注》本,北京,中華書局,2004。

5. 《商君書》,《新編諸子集成》收蔣禮鴻《商君書錐指》本,北京,中華書局,1986。

6. 高亨:《商君書注譯》,北京,中華書局,1974。

7. 韓非:《韓非子》,《新編諸子集成》收王先慎《韓非子集解》本,北京,中華書局,1998。

8. 陳奇猷:《韓非子新校注》,上海,上海古籍出版社,2000。

9. 老聃:《老子》,陳鼓應《老子注譯及評價》本,北京,中華書局,1984。

10. 莊周等:《莊子》,《新編諸子集成》收郭慶藩《莊子集釋》本(第2版),北京,中華書局,2004。

11. 孔丘等:《論語》,楊伯峻《論語譯注》本,北京,中華書局,1958。

12. 孟軻:《孟子》,楊伯峻《孟子譯注》本,北京,中華書局,1960。

13. 墨翟等:《墨子》,《新編諸子集成》收孫詒讓《墨子閒詁》本,北京,中華書局,2001。

14. 荀況:《荀子》,《新編諸子集成續編》收梁啟雄《荀子簡釋》本,北京,中華書局,1983。

15. 《文子》,彭裕商《文子校注》本,成都,巴蜀書社,2006。

16. 《禮記》，王文錦《禮記譯解》本，北京，中華書局，2001。

17. 《晏子春秋》，《新編諸子集成續編》收張純一《晏子春秋校注》本，北京，中華書局，2014。

18. 呂不韋等：《呂氏春秋》，陳奇猷《呂氏春秋新校釋》本，上海，上海古籍出版社，2002。

19. 董仲舒《春秋繁露》，《新編諸子集成》收蘇輿《春秋繁露義證》本，北京，中華書局，1992。

20. 劉安等：《淮南子》，《新編諸子集成》收何寧《淮南子集釋》本，北京，中華書局，1998。

21. 司馬遷：《史記》，《二十五史》本，上海，上海古籍出版社、上海書店，1986。

22. 陸賈：《新語》，莊大鈞等校點《新語・新書・揚子法言》本，瀋陽，遼寧教育出版社，1998。

23. 賈誼：《新書》，莊大鈞等校點《新語・新書・揚子法言》本，瀋陽，遼寧教育出版社，1998。

24. 揚雄：《揚子法言》，莊大鈞等校點《新語・新書・揚子法言》本，瀋陽，遼寧教育出版社，1998。

25. 桓寬：《鹽鐵論》，王貞瑉《鹽鐵論譯注》本，長春，吉林文史出版社，1995。

26. 劉向：《新序》，石光瑛《新序校釋》本（第 2 版），北京，中華書局，2009。

27. 班固：《漢書》，《二十五史》本，上海，上海古籍出版社、上海書店，1986。

28. 王充：《論衡》，陳蒲清點校本，長沙，嶽麓書社，2015。

29. 葛洪：《抱朴子・內篇》，《新編諸子集成》收王明《抱朴子內篇校釋（增訂本）》本，北京，中華書局，1985。

30. 葛洪：《抱朴子・外篇》，《新編諸子集成》收楊明照《抱朴子外篇校箋》本，北京，中華書局，1991。

31. 《黃帝四經》，陳鼓應《黃帝四經今注今譯——馬王堆漢墓出土帛書》本，北京，商務印書館，2007。

32. 黎靖德：《朱子語類》，北京，中華書局，1986。

33. 葉適：《習學記言序目》，《學術筆記叢刊》本，北京，中華書局，1977。

34. 司馬光：《資治通鑒》，胡三省注本，上海，上海古籍出版社，1987。

35. 紀昀等：《四庫全書總目》，四庫全書研究所《欽定四庫全書總目（整理本）》本，北京，中華書局，1997。

36. 姜玉山、呂慶業主編：《中國法家文化名著》，延邊，延邊大學出版社，1995。

二、近人著述

1、斷代史、思想史、哲學史、文化史、傳記

1. 楊寬:《戰國史》,上海,上海人民出版社,1980。

2. 林劍鳴:《秦史稿》,上海,上海人民出版社,1981。

3. 張分田:《秦始皇傳》,北京,人民出版社,2003。

4. 〔英〕崔瑞德、魯惟一:《劍橋中國秦漢史》,北京,中國社會科學出版社,1992。

5. 吳榮曾:《先秦兩漢史研究》,北京,中華書局,1995。

6. 胡適:《中國哲學史大綱（卷上）》,北京,東方出版社,1996。

7. 侯外盧等:《中國思想通史》,北京,人民出版社,1957。

8. 張豈之主編:《中國思想史》,西安,西北大學出版社,1989。

9. 任繼愈主編:《中國哲學發展史（先秦）》,北京,人民出版社,1983。

10. 任繼愈主編:《中國哲學發展史（秦漢）》,北京,人民出版社,1985。

11. 馮友蘭:《中國哲學簡史》,北京,北京大學出版社,1996。

12. 劉澤華:《中國傳統政治思想反思》,北京,三聯書店,1987。

13. 蕭公權:蕭公權文集之《中國政治思想史》,北京,中國人民大學出版社,2014。

14. 鄺士元:《中國學術思想史》,上海,上海三聯書店,2014。

15. 趙吉惠:《中國先秦思想史》,太原,山西人民教育出版社,1988。

16. 周桂鈿:（周桂鈿文集·秦漢思想研究〔陸〕)《秦漢思想史（上）》,福州,福建教育出版社,2015。

17. 金春峰:《漢代思想史》,北京,中國社會科學出版社,1987。

18. 徐復觀:《兩漢思想史》,上海,華東師範大學出版社,2001。

19. 韋政通:《中國哲學思想批判》,臺灣,水牛出版社,1986。

20. 郭沫若:《十批判書》,北京,東方出版社,1996。

21. 閻步克:《士大夫政治演生史稿》,北京,北京大學出版社,1996。

22. 李澤厚:《中國思想史論》,合肥,安徽文藝出版社,1998。

23. 錢穆:《國學概論》,北京,商務印書館新 1 版,1997。

24. 李宗桂:《中國文化概論》,廣州,中山大學出版社,1988。

25. 俞榮根:《儒家思想通論》,南寧,廣西人民出版社,1992。

26. 張立文主編:《聖境——儒學與中國文化》,北京,人民出版社,2005。

27. 韓星:《儒法整合——秦漢政治文化論》,北京,中國社會科學出版社,2005。

28. 曹建墩：《先秦禮制探賾》，天津，天津人民出版社，2010。

29. 祝東：《先秦符號思想研究》，成都，四川大學出版社，2014。

30. 王子今：《秦漢社會意識研究》，北京，商務印書館，2012。

31. 熊鐵基：《漢唐文化史》，長沙，湖南出版社，1992。

2、諸子研究

1. 傅斯年：《傅斯年『戰國子家』與〈史記〉講義》，天津，天津古籍出版社，2007。

2. 王錦民：《古學經子——十一朝學術史新證》，北京，華夏出版社，1996。

3. 杜守素：《先秦諸子思想》，北京，三聯書店，1950。

4. 劉毓璜：《先秦諸子初探》，南京，江蘇人民出版社，1984。

5. 蔣伯潛：《諸子通考》，杭州，浙江古籍出版社據1948年初版本重新排印，1985。

6. 呂思勉：《先秦學術概論》，北京，中國大百科全書出版社，1985。

7. 錢穆：《先秦諸子繫年》，北京，中華書局，1985。

8. 鄭良樹：《諸子著作年代考》，北京，北京圖書館出版社，2001。

9. 童書業：《先秦七子思想研究（增訂本）》，濟南，齊魯書社，2006。

10. 曹大林：《中國傳統文化探源——先秦儒墨法道比較研究》，長春，吉林人民出版社，1998。

11. 韓星：《先秦儒法源流述論》，北京，中國社會科學出版社，2004。

12. 王叔岷：《先秦道法思想講稿》，北京，中華書局，2007。

13. 鄭傑文：《中國墨學通史》，北京，人民出版社，2016。

14. 馬積高：《荀學源流》，上海，上海古籍出版社，2000。

15. 丁原明：《黃老學論綱》，濟南，山東大學出版社，1997。

16. 熊鐵基：《秦漢新道家》，上海，上海人民出版社，2001。

17. 王永祥：《董仲舒評傳》，南京，南京大學出版社，1995。

3、法學研究

1. 楊鴻烈：《中國法律思想史》，臺灣，商務印書館，1984。

2. 汪漢卿主編：《中國法律思想史》，合肥，中國科學技術大學出版社，1993。

3. 張晉藩主編：《中國法律史》，北京，法律出版社，1995。

4. 張國華：《中國法律思想史新編》，北京，北京大學出版社，1998。

5. 武樹臣：《中國法律思想史》，北京，法律出版社，2004。

6. 曾加：《張家山漢簡法律思想研究》，北京，商務印書館，2008。

7. 楊鶴泉：《董仲舒的法律思想》，北京，群眾出版社，1985。

8. 王人博、程燎原：《法治論》，濟南，山東人民出版社第 2 版，1998。

9. 張中秋：《中西法律文化比較研究》，南京，南京大學出版社，1999。

10. 范忠信：《中西法文化的暗合與差異》，北京，中國政法大學出版社，2001。

11. 李鳴：《法的回聲——從周公到章太炎》，北京，法律出版社，2012。

4、法家研究

1. 衛東海：《中國法家》，北京，宗教文化出版社，1996。

2. 曾振宇：《前期法家研究——法、術、勢社會政治理論的建構》，濟南，山東大學出版社，1996。

3. 武樹臣、李力：《法家思想與法家精神》第 2 版，北京，中國廣播電視出版社，2007。

4. 蘇南：《法家文化面面觀》，濟南，齊魯書社，2000。

5. 戴東雄：《從法實證主義之觀點論中國法家思想》，臺灣，三民書局，1973。

6. 黃公偉：《法家哲學體系指歸》，臺灣，商務印書館，1983 年。

7. 侯家駒：《先秦法家統制經濟思想》，臺灣，聯經出版事業股份有限公司，1985。

8. 王曉波：《先秦法家思想史論》，臺灣，聯經出版事業股份有限公司，1991。

9. 李增：《先秦法家哲學思想——先秦法家法理、政治、哲學》，臺灣，國立編譯館，2001。

10. 徐祥民：《法家的法律思想研究》（收入李鳴主編：《青藍集：張晉藩先生指導的法學博士論文萃編》），北京，法律出版社，2002。

11. 張有智：《先秦三晉地區的社會與法家文化研究》，北京，人民出版社，2002。

12. 楊玲：《中和與絕對的抗衡——先秦法家思想比較研究》，北京，中國社會科學出版社，2007。

13. 林聰舜：《西漢前期思想與法家的關係》，臺灣，大安出版社，1991。

14. 李海生：《法相尊嚴——近現代的先秦法家研究》，瀋陽，遼寧教育出版社，1997。

15. 韓東育：《日本近世新法家研究》，北京，中華書局，2003。

16. 時顯群：《法家「以法治國」思想研究》，北京，人民出版社，2010。

17. 孫開泰：《法家史話》，北京，社會科學文獻出版社，2011。

5、商鞅研究

1. 陳啓天：《商鞅評傳》，上海，商務印書館，1935。

2. 朱師轍：《商君書解詁定本》，北京，古籍出版社，1956。

3. 鄭良樹：《商鞅及其學派》，臺灣，學生書局，1987；上海，上海古籍出版社，1989。

4. 李存山：《商鞅評傳》，南寧，廣西教育出版社，1997。

5. 湯勤福：《商子答客問》，上海，上海人民出版社，1999。

6. 丁毅華：《商鞅傳》，重慶，重慶出版社，1999。

7. 張林祥：《〈商君書〉的成書與思想研究》，北京，人民出版社，2008。

8. 鄭良樹：《商鞅評傳》，南京，南京大學出版社，2011。

9. 朱永嘉：《商鞅變法與王莽改制》，北京，中國長安出版社，2013。

10. 王耀海：《商鞅變法研究》，北京，社會科學文獻出版社，2015。

6、韓非研究

1. 周鍾靈、施孝適、許惟賢主編：《韓非子索引》，北京，中華書局，1982。

2. 曹謙：《韓非法治論》，上海，中華書局，1948。

3. 陳啓天：《增訂韓非子校釋》，臺灣，商務印書館，1969。

4. 周勳初：《韓非子札記》，南京，江蘇人民出版社，1980。

5. 熊十力：《韓非子評論》，臺灣，學生書局，1984。

6. 王邦雄：《韓非子的哲學》，臺灣，東大圖書有限公司，1988。

7. 陳奇猷、張覺：《韓非子導讀》，成都，巴蜀書社，1990。

8. 孫實明：《韓非思想新探》，武漢，湖北人民出版社，1990。

9. 鄭良樹：《韓非子知見書目》，香港，商務印書館，1993。

10. 鄭良樹：《韓非之著述及思想》，臺灣，學生書局，1993。

11. 王宏斌：《中國帝王術——〈韓非子〉與中國文化》，開封，河南大學出版社，1995。

12. 谷方：《韓非與中國文化》，貴陽，貴州人民出版社，1996。

13. 張純、王曉波：《韓非思想的歷史研究》，北京，中華書局（據臺灣聯經出版事業股份有限公司 1983 年版影印），1986。

14. 蔣重躍：《韓非子的政治思想》，北京，北京師範大學出版社，2000。

15. 陳偉：《韓非子答客問》，上海，上海人民出版社，2002。

16. 施覺懷：《韓非評傳》，南京，南京大學出版社，2002。

17. 張覺：《韓非子導讀》，北京，中國國際廣播出版社，2009。

18. 宋洪兵：《韓非子政治思想再研究》，北京，中國人民大學出版社，2010。

19. 楊義：《韓非子還原》，北京，中華書局，2011。

20. 郭春蓮：《韓非法律思想研究》，上海，上海人民出版社，2012。

21. 張覺：《韓非子考論》，北京，知識產權出版社，2013。
22. 彭鴻程：《秦漢韓非子學研究》，長沙，嶽麓書社，2014。
23. 趙又春：《我讀韓非子》，長沙，嶽麓書社，2014。

後　記

　　本書是我博士學位論文的修訂本。2000 年，我於近「知天命」之大齡，以同等學力考取華中師範大學歷史文獻學專業在職博士研究生，怎奈因單位行政事務異常繁重，竟遲至 2008 年提前退休後才得以完成畢業論文，通過答辯並取得了博士學位。數十年之夢想終成現實，竊有范進之喜之悅，而斷無范進之癡之呆。

　　我的青少年時期，正值「文革」十年，學業中斷。「文革」結束後，有幸考上大學，進入久已心儀的歷史專業系統學習，對中國古代歷史文化尤其是先秦諸子學，漸次有所領略，然而因學力淺薄，不過是泛泛涉獵而已，相對接觸較多的也是在諸子學中地位最高的儒家文化。大學畢業後，到某教師進修院校任教，未幾即被推上管理崗位，長期爲行政事務所困，雖一直兼任教學工作，但投入到專業研究的時間畢竟相當有限。然而，讓我對諸子百家中的法家產生濃厚興趣的誘因，恰恰也來自從事了一、二十年的行政管理實踐，在這段職業生涯中，我深深認識到依法治校的重要，痛感小至一所院校，大至整個社會，民主法制建設的推進都還任重道遠。由此萌發了探究法家文化，爲現實工作、生活提供借鑒的原始衝動。

　　我年屆不惑之歲時，曾感歎平生有幾大遺憾，其中之一就是沒有機會攻讀研究生。孰料柳暗花明，本世紀初竟遇到機緣，有幸師從秦漢史專家熊鐵基先生專攻「文化史文獻」（專業方向）。對我這位大齡弟子，熊先生堅持嚴格要求，啓發憤悱，幫助我逐步恢復和加強了因長期沉陷在管理世界、本已變得近於木然的專業思維，在比之以往更爲全面地研讀了先秦原典要籍之後，我確定了主攻先秦法家的方向，並進行了長達八年的「持久戰」，才將拙

文完成。

　　本文的寫作和本書的出版，得到華中師範大學歷史文化學院熊鐵基、周國林、趙國華等教授的悉心指導，得到同窗王麗英、李勤合及摯友徐國華、衣雲娟等的熱情幫助，更得到先室鍾秀倩的鼎力支持⋯⋯在此，謹向這些年來所有曾關心、幫助過我的親人、師友致以誠摯之謝意。

區永圻

2016 年 3 月於廣州僑明苑穎奇齋